# Testen im Dialogmarketing

**SPRINGER NATURE**  springernature.com

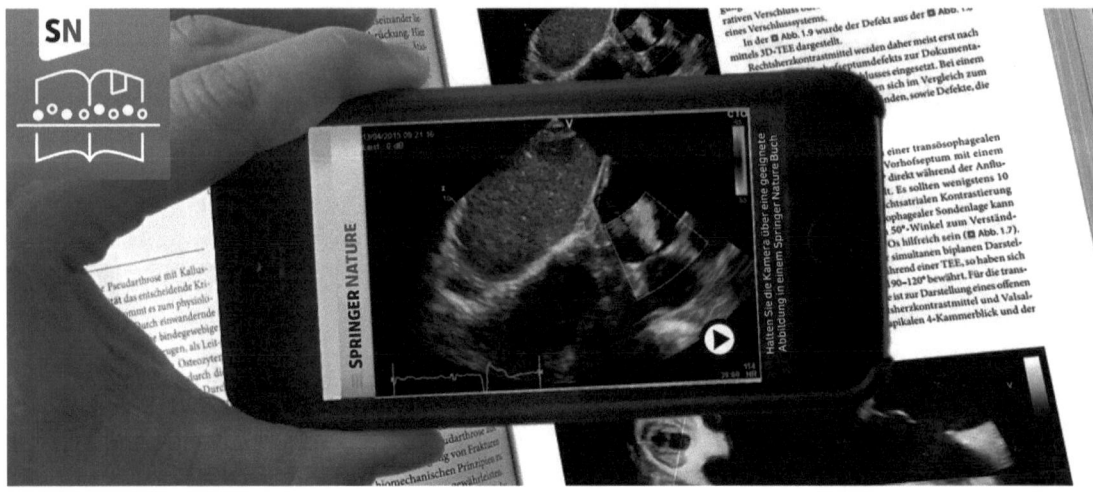

# Springer Nature More Media App

## Videos und mehr mit einem „Klick" kostenlos aufs Smartphone und Tablet

Kostenlos downloaden

- Dieses Buch enthält zusätzliches Onlinematerial, auf welches Sie mit der Springer Nature More Media App zugreifen können.*
- Achten Sie dafür im Buch auf Abbildungen, die mit dem Play Button ⊙ markiert sind.
- Springer Nature More Media App aus einem der App Stores (Apple oder Google) laden und öffnen.
- Mit dem Smartphone die Abbildungen mit dem Play Button ⊙ scannen und los gehts.

*Bei den über die App angebotenen Zusatzmaterialien handelt es sich um digitales Anschauungsmaterial und sonstige Informationen, die die Inhalte dieses Buches ergänzen. Zum Zeitpunkt der Veröffentlichung des Buches waren sämtliche Zusatzmaterialien über die App abrufbar. Da die Zusatzmaterialien jedoch nicht ausschließlich über verlagseigene Server bereitgestellt werden, sondern zum Teil auch Verweise auf von Dritten bereitgestellte Inhalte aufgenommen wurden, kann nicht ausgeschlossen werden, dass einzelne Zusatzmaterialien zu einem späteren Zeitpunkt nicht mehr oder nicht mehr in der ursprünglichen Form abrufbar sind.

Peter Lorscheid

# Testen im Dialogmarketing

KPIs Schritt für Schritt optimieren

Peter Lorscheid
Niederkassel, Deutschland

ISBN 978-3-658-31333-3     ISBN 978-3-658-31334-0 (eBook)
https://doi.org/10.1007/978-3-658-31334-0

Die Deutsche Nationalbibliothek verzeichnet diese Publikation in der Deutschen Nationalbibliografie; detaillierte bibliografische Daten sind im Internet über http://dnb.d-nb.de abrufbar.

Springer Gabler
© Der/die Herausgeber bzw. der/die Autor(en), exklusiv lizenziert durch Springer Fachmedien Wiesbaden GmbH, ein Teil von Springer Nature 2020
Das Werk einschließlich aller seiner Teile ist urheberrechtlich geschützt. Jede Verwertung, die nicht ausdrücklich vom Urheberrechtsgesetz zugelassen ist, bedarf der vorherigen Zustimmung des Verlags. Das gilt insbesondere für Vervielfältigungen, Bearbeitungen, Übersetzungen, Mikroverfilmungen und die Einspeicherung und Verarbeitung in elektronischen Systemen.
Die Wiedergabe von allgemein beschreibenden Bezeichnungen, Marken, Unternehmensnamen etc. in diesem Werk bedeutet nicht, dass diese frei durch jedermann benutzt werden dürfen. Die Berechtigung zur Benutzung unterliegt, auch ohne gesonderten Hinweis hierzu, den Regeln des Markenrechts. Die Rechte des jeweiligen Zeicheninhabers sind zu beachten.
Der Verlag, die Autoren und die Herausgeber gehen davon aus, dass die Angaben und Informationen in diesem Werk zum Zeitpunkt der Veröffentlichung vollständig und korrekt sind. Weder der Verlag, noch die Autoren oder die Herausgeber übernehmen, ausdrücklich oder implizit, Gewähr für den Inhalt des Werkes, etwaige Fehler oder Äußerungen. Der Verlag bleibt im Hinblick auf geografische Zuordnungen und Gebietsbezeichnungen in veröffentlichten Karten und Institutionsadressen neutral.

Springer Gabler ist ein Imprint der eingetragenen Gesellschaft Springer Fachmedien Wiesbaden GmbH und ist ein Teil von Springer Nature.
Die Anschrift der Gesellschaft ist: Abraham-Lincoln-Str. 46, 65189 Wiesbaden, Germany

# Vorwort

Das immerwährende Durchführen von Tests ist eine Kernaufgabe im Dialogmarketing, um den Kampagnenerfolg zu optimieren. Denn im Dialogmarketing erfordert „die Sicherstellung des Erfolgs [...] ganzheitliche Testszenarien, welche die unterschiedlichen Ebenen vom Kommunikator bis zum Empfänger abdecken" (Link und Kramm 2006, S. 565). „Eine Testaussendung ist der sicherste und beste Weg, das wirksamste Mailing zu finden", wusste schon Dialogmarketing-Pionier Siegfried Vögele (2002, S. 351). Die große Bedeutung von Tests im Dialogmarketing betonen beispielsweise auch Nash (2000, S. 94); Elsner (2003, S. 65); Link und Kramm (2006, S. 564–566); Bird (2007, S. 336); Holland (2016, S. 174).

In der Praxis begegnen einem immer wieder Fehler und Unzulänglichkeiten, die bei der Durchführung von Tests auftreten. Schöberl (2004, S. 11) spricht von einem Anteil von 30 % scheiternder Tests. Dies reicht von Tests, deren Ergebnisse dann doch nicht verwendet werden, über Nachlässigkeiten im Testmanagement bis hin zu methodischen Unzulänglichkeiten im Testdesign. Zu der letzten Gruppe gehören insbesondere

- Tests, die auf Kenngrößen basieren, die nicht zur Zielsetzung der Kampagne passen;
- Tests mit falsch angesetzten Kosten, beispielsweise Kosten der Testumsetzung statt der Umsetzung im Full Run;
- Tests, die methodisch nicht zu der zu testenden Hypothese passen;
- Tests mit zu kleinen Stichprobenumfängen;
- Tests, deren Ergebnisse von externen Faktoren beeinflusst werden und die daher nicht replizierbar sind.

Wer denkt, ein Blick in die einschlägige Literatur könnte helfen, diese Probleme abzustellen, wird enttäuscht sein. Denn er stößt dort vor allem auf eine große Lücke. An einem Ende dieser Lücke befindet sich die Standardliteratur zum Dialogmarketing. Hier beschränken sich die Ausführungen zu Tests im Dialogmarketing auf wenige Seiten (z. B. Vögele 2002, S. 350–353; Bird 2007, S. 334–358; Scherfke 2008, S. 318–319; Holland 2016, S. 174–180). Etwas tiefer ins Detail geht Elsner (2003, S. 65–74), allerdings in einem Werk, das sich mit dem „Einsatz mehrstufiger dynamischer Modelle" beschäftigt und sich damit an ein sehr spezifisches Fachpublikum richtet.

Am anderen Ende der Lücke steht die gängige Literatur zur Statistik. Hier werden Signifikanztests im Allgemeinen und auch solche für Zweistichprobenprobleme ausführlich dargestellt, wie z. B. bei Bühner und Ziegler (2009 S. 232–263); Degen und Lorscheid (2012, S. 235–240); Schira (2012, S. 490–494). Dies geschieht dort jedoch naturgemäß ohne Bezug auf das spezifische Einsatzgebiet im Dialogmarketing.

Eine Ausnahme, was die beschriebene Lücke angeht, stellt nur Schöberl (2004) dar. Doch auch hier werden nur A-B-Tests für Anteile thematisiert, wobei deren Signifikanzprüfung implizit gleiche Kosten unterstellt. Das vorliegende Werk soll dazu beitragen, die oben beschriebene Lücke weiter zu schließen und Fehler bei der Anwendung von A-B-Tests im Dialogmarketing zu vermeiden. Dabei spannt der Text den Bogen zwischen der Messung des Kampagnenerfolgs durch geeignete Kenngrößen über das Aufsetzen von Testdesigns bis zur praktischen Durchführung von A-B-Tests. Damit richtet sich der Text an alle, die in ihrer beruflichen Praxis vor der Aufgabe stehen, Tests praktisch anwenden zu müssen.

Das Problem der fehlerhaften Anwendung von Tests habe ich vor einigen Jahren erstmals in einem Artikel skizziert (Lorscheid 2014). Die ausführliche Darstellung von Tests im Dialogmarketing in diesem Buch geht auf eine Reihe von Seminaren zurück, die ich im Laufe meiner Tätigkeit beim Siegfried Vögele Institut (SVI) bis zu dessen Auflösung 2018 gehalten habe. Dabei hat sich gezeigt, dass der Wissensbedarf in diesem Bereich mindestens so groß ist wie die Hemmschwelle, sich mit statistischen Inhalten eingehender zu beschäftigen.

In diesem Buch wird versucht, beidem mit zahlreichen Abbildungen und durchgerechneten Beispielen zu begegnen. Im Kap. 4 zur Durchführung der Tests lässt sich der Rückgriff auf mathematische Formeln nicht vermeiden. Doch auch ohne Formelverständnis lassen sich alle Berechnungen mit Hilfe der verschiedenen Excel-Tools zu diesem Buch einfach nachvollziehen. Diese finden sich unter der Webseite www.springer.com/gp/book/9783658313333.

Ich danke der Deutsche Post DHL Group als Rechtsnachfolgerin des Siegfried Vögele Instituts für die Genehmigung, diejenigen Abbildungen verwenden zu dürfen, die ich 2018 zu dem digitalen Seminar „Sehen Nicken Klicken" (SVI 2018) beigesteuert habe. Dem Verlag Springer Gabler danke ich für die Möglichkeit, meine Gedanken zum Testen im Dialogmarketing im Rahmen dieses Buches ausführlich darstellen zu können.

Niederkassel, Deutschland  Peter Lorscheid
Juni 2020

## Literatur

Bird, D. (2007). *Common sense direct and digital marketing* (5. Aufl.). London: Kogan Page.

Bühner, M., & Ziegler, M. (2009). *Statistik für Psychologen und Sozialwissenschaftler*. München: Pearson Studium.

Degen, H., & Lorscheid, P. (2012). *Statistik-Lehrbuch. Methoden der Statistik im wirtschaftswissenschaftlichen Grundstudium* (4. Aufl.). München: Oldenbourg.

Elsner, R. (2003). *Optimiertes Direkt- und Database-Marketing unter Einsatz mehrstufiger dynamischer Modelle*. Wiesbaden: DUV.

Holland, H. (2016). *Dialogmarketing. Offline- und Online-Marketing, Mobile- und Social Media-Marketing* (4. Aufl.). München: Vahlen.

Link, J., & Kramm, F. (2006). Direktmarketing und Controlling. In S. Reinecke & T. Tomczak (Hrsg.), *Handbuch Marketing Controlling* (2. Aufl., S. 549–572). Wiesbaden: Gabler.

Lorscheid, P. (2014). Testen, Testen, richtig Testen. In BEVH (Hrsg.), *Kompendium des interaktiven Handels 2014/15* (S. 228–229). Berlin: BEVH.

Nash, E. L. (2000). *Direct marketing. Strategy, planning, execution* (4. Aufl.). New York: Mc Graw Hill Education.

Panebianco, J. (2019). *How to double conversion rates: Lessons learnt spending over five million dollars on A/B split tests*. O. Ort: Independent Publication.

Schira, J. (2012). *Statistische Methoden der VWL und BWL. Theorie und Praxis*. München: Pearson Studium.

Schöberl, M. (2004). *Tests im Direktmarketing*. München: mi-Wirtschaftsbuch.

SVI. (2018). *Sehen, Nicken, Klicken. Der Online-Kurs zur Dialogmethode®*. Königstein: Siegfried Vögele Institut.

Vögele, S. (2002). *Dialogmethode. Das Verkaufsgespräch per Brief und Antwortkarte* (12. Aufl.). Heidelberg: Redline Wirtschaft.

# Inhaltsverzeichnis

1 **Einführung**................................................................. 1
2 **Mit Kennzahlen den Kampagnenerfolg messen**........................ 3
   2.1  Dimensionen der Werbewirkung und ihre Messbarkeit.............. 3
   2.2  Absolute KPIs zur Messung der Werbewirkung ..................... 6
        2.2.1  KPIs für physische Mailings .............................. 6
        2.2.2  KPIs für digitale Medien ................................. 8
        2.2.3  Berücksichtigung von Auswirkungen auf den Kundenwert ....... 9
   2.3  KPIs zur Herstellung einer Kosten-Wirkungs-Relation............... 11
        2.3.1  Kosten im Dialogmarketing............................... 11
        2.3.2  Berechnung relativer KPIs................................ 14
   2.4  Marktforschung als Messmethode................................ 18
3 **Vom Optimierungsansatz zum Testdesign**............................ 21
   3.1  Grundidee des Testens ......................................... 21
   3.2  A-B-Test und weitere Testdesigns ............................... 24
   3.3  Von der Testidee zum Testdesign................................ 26
4 **A-B-Tests durchführen und interpretieren**............................ 35
   4.1  Fehlerrisiken beim Testen ...................................... 35
   4.2  A-B-Tests für Anteile........................................... 40
        4.2.1  Durchführung des Anteilstests............................ 40
        4.2.2  Bestimmung des erforderlichen Stichprobenumfangs........... 43
        4.2.3  Grenzen des A-B-Tests für Anteile ........................ 46
   4.3  A-B-Tests für Mittelwerte ...................................... 49
        4.3.1  Datenaufbereitung ...................................... 49
        4.3.2  Durchführung des Mittelwerttests ......................... 53
        4.3.3  Bestimmung des erforderlichen Stichprobenumfangs........... 56
   4.4  Interpretation des Testergebnisses ............................... 60

**5 Der Weg zur praktischen Umsetzung** .............................. 63

**Literatur**. ....................................................... 65

**Stichwortverzeichnis**. ............................................ 67

# Einführung 1

„Fünfzig Prozent bei der Werbung sind immer rausgeworfen. Man weiß aber nicht, welche Hälfte das ist." Henry Ford (1863–1947) beklagte mit diesem Zitat (Ford o. J.) die mangelnde Mess- und Vorhersagbarkeit des Erfolgs von Werbekampagnen. Doch er wusste auch: „Wer nicht wirbt, stirbt." (Ford o. J.) Es ist also keine Option, auf Werbung zu verzichten oder diese auf das Nötigste zurückzufahren. Es kommt stattdessen darauf an, den Erfolg der Werbung zu messen und nach Wegen zu suchen, diesen zu verbessern.

Um dies umzusetzen, sind die Rahmenbedingungen in der heutigen Zeit gerade im Dialogmarketing besser denn je. Der das Dialogmarketing charakterisierende Kundendialog ist dadurch gekennzeichnet, dass beim Kunden unmittelbare Handlungen ausgelöst werden, etwa die Anforderung weiterer Informationen, das Aufsuchen des Point of Sale (PoS) und im Idealfall der Kauf. Sind diese Handlungen messbar und den kontaktierten Kunden zuzuordnen, so lässt sich der Werbeerfolg durch eine geeignete Kenngröße quantifizieren.

In Zeiten zunehmender Digitalisierung nehmen die Möglichkeiten zu, durch die Werbung ausgelöste Handlungen zu messen. Während etwa beim klassischen Werbebrief unklar bleibt, ob dieser durch den Empfänger geöffnet und gelesen wurde, ist dies bei dessen elektronischer Entsprechung, dem Werbe-Newsletter, anders: Zumindest die Öffnung eines Newsletters lässt sich problemlos tracken. Wenn auch der Lesevorgang selbst nicht trackbar ist, lassen sich u. U. Scroll- und Mausbewegungen messen, die auf einen aktiven Lesevorgang hindeuten.

Wo die Messung des Werbeerfolgs möglich ist, sollten Aktivitäten, diesen zu verbessern, nicht weit sein. Tests stellen hierbei das „Versuchslabor" des Dialogmarketings dar. Optimierungsansätze werden im Rahmen von Tests versuchsweise umgesetzt: Eine modifizierte Variante der Dialogkampagne wird dabei mit der bisherigen in Bezug auf den Werbeerfolg verglichen. Stellt sich der erhoffte Erfolg ein, lässt sich die betrachtete

Variante dauerhaft umsetzen. Werden anschließend auf ähnliche Weise weitere Optimierungsansätze verfolgt, entsteht ein System, das im Idealfall zu einer schrittweisen Optimierung des Dialogmarketings führt.

Betrachtet man diesen Vorgang genauer, sind dabei drei Kernfragen zu lösen, denen sich die nachfolgenden Kapitel dieses Buches widmen:

- **Kap. 2** geht der Frage nach, wie die **Messung des Werbeerfolgs** einer Dialogkampagne erfolgen kann. Ausgangspunkt ist dabei die Frage, welches Werbeziel mit einer Kampagne verfolgt werden soll. Dabei wird aufgezeigt, welche Kenngrößen sich zur Messung der Zielerreichung eignen und inwieweit sich physische und digitale Medien hinsichtlich der Messbarkeit dieser Kenngrößen unterscheiden.
- **Kap. 3** betrachtet den Weg, der bei der **Überführung von Optimierungsansätzen in Tests** zu beschreiben ist. Ausgehend von einer vagen Optimierungsidee wird dargestellt, welche Konkretisierungen vorzunehmen sind, um die der Optimierungsidee zu Grunde liegende Hypothese empirisch zu testen. Verschiedene mögliche Testdesigns werden vorgestellt und hinsichtlich ihrer Vor- und Nachteile verglichen.
- **Kap. 4** stellt die eigentlichen Schritte der **Durchführung eines A-B-Tests** vor. Ausgehend von den Fehlerrisiken eines Tests werden Tests für Mittelwerte und Anteile dargestellt. Es wird erläutert, für welche Marketing-Kenngrößen sie sich jeweils eignen, was bei der praktischen Durchführung zu beachten ist und wie das Testergebnis zu interpretieren ist. Besonderes Augenmerk gilt hierbei auch der Berechnung der Anzahl erforderlicher Testaussendungen, um eine erwartete Verbesserung auch tatsächlich zuverlässig bestätigen zu können.

# Mit Kennzahlen den Kampagnenerfolg messen

## 2.1 Dimensionen der Werbewirkung und ihre Messbarkeit

Zu klären ist zunächst die Frage, welches Ziel mit einer bestimmten Werbekampagne verfolgt werden soll. Denn Werbung kann prinzipiell in verschiedenen Dimensionen wirken, wie Abb. 2.1 zeigt. Es gibt Wirkdimensionen, die sehr früh im Ablauf des Kaufprozesses liegen: beispielsweise Aufmerksamkeit zu erregen oder die Marke bzw. ein bestimmtes Produkt bekannter zu machen. Etwas später im Kaufprozess kann Werbung beispielsweise Produktinteresse wecken oder eine konkrete Kaufabsicht auslösen. Im günstigsten Fall kommt es dann tatsächlich zum Kauf. Die Werbung bewirkt dann, dass das beworbene Produkt verkauft werden kann und damit ein Deckungsbeitrag (DB) erwirtschaftet wird.

Prinzipiell lassen sich diejenigen Wirkdimensionen, die früh im Kaufprozess liegen, eher schlecht messen. Bei diesen handelt es sich um „weiche Faktoren", die sich nicht ohne Weiteres erfassen lassen. Wenn die Zielsetzung der Werbung in der Beeinflussung dieser Faktoren liegt, ist eine Erfolgsmessung dieser Faktoren nur durch aufwändige Methoden möglich:

- Inwieweit beispielsweise Aufmerksamkeit für das beworbene Produkt erzielt wurde, kann durch Eye-Tracking oder Emotionsmessung ermittelt werden. So lässt sich feststellen, ob eine Zielperson – im Rahmen eines bestimmten Versuchsaufbaus – die Werbung überhaupt wahrgenommen hat.
- Das Ausmaß der Werbeerinnerung oder Imagewirkungen lassen sich insbesondere durch Befragungen der Zielgruppe ermitteln. Diese Dimensionen lassen sich auf Basis eines standardisierten Fragebogens ermitteln – ggf. im Vergleich zu einer nicht kontaktierten Kontrollgruppe.

## Auf welchen Dimensionen wirkt Werbung?

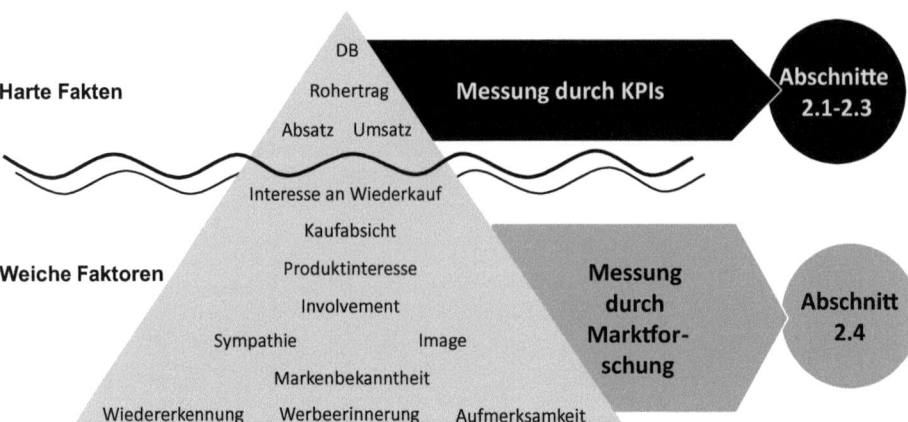

**Abb. 2.1** Dimensionen der Werbewirkung. (Darstellung mit freundlicher Genehmigung der Deutsche Post DHL Group)

Zur Ermittlung dieser Dimensionen sind qualitative und/oder quantitative Marktforschungsstudien in der Zielgruppe erforderlich. Eine kurze Einführung in die Durchführung derartiger Befragungen findet sich in Abschn. 2.4.

Mit diesen Methoden lässt sich beispielsweise herausfinden, dass bestimmte Elemente einer Werbung gar nicht gesehen werden, dass Bilder nicht die erhofften Emotionen auslösen oder dass das Image eines Produkts nicht in der gewünschten Weise beeinflusst wurde. Diese Informationen sind sehr wichtig, wenn es darum geht herauszufinden, warum eine erwartete Wirkung bei den „harten Fakten" nicht eintritt.

Demgegenüber sind die „harten Fakten", der Absatz oder der erzielte Deckungsbeitrag, verhältnismäßig leicht zu messen: Hier findet ein konkreter Verkaufsvorgang statt, der sich in der Buchhaltung niederschlägt. Dies lässt sich in Stück oder Euro messen; passiert also gewissermaßen in der Spitze des Eisbergs, die sich oberhalb der Wasseroberfläche befindet. Auf Basis der anfallenden Daten lassen sich Kennzahlen bzw. KPIs berechnen, mit deren Hilfe der Erfolg der Werbung bewertet werden kann.

Wie viel des Eisbergs oberhalb der Wasserlinie zu sehen ist und welche Aspekte eher im Verborgenen bleiben, hängt allerdings von den genutzten Kanälen ab – Werbe- wie Verkaufskanälen (vgl. Abb. 2.2). Je eher digitale Kanäle genutzt werden, desto eher lassen sich auch Zwischenziele quantitativ erfassen. Zwei Beispiele mögen dies verdeutlichen:

- Erhält ein potenzieller Kunde einen **Werbebrief**, so bleibt für den Werbetreibenden im Verborgenen, ob der Kunde das Mailing überhaupt wahrgenommen hat, ob er es geöffnet und gelesen hat. Welche Informationen er wahrgenommen hat und was das Mailing beim Kunden bewirkt hat, bleibt ebenso verborgen. Erst wenn der Empfänger des

## Harte Fakten bei Mailing und digitaler Werbung

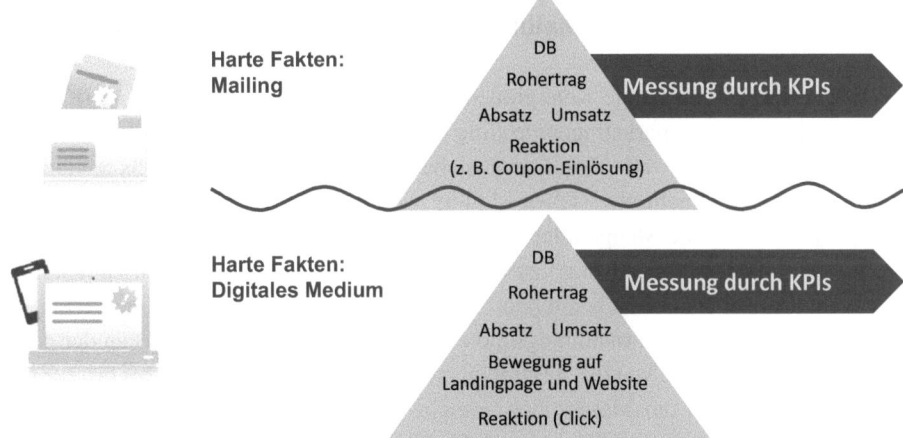

**Abb. 2.2** Messbarkeit bei physischer und digitaler Werbung. (Darstellung mit freundlicher Genehmigung der Deutsche Post DHL Group)

Mailings eine konkrete Handlung unternimmt, wird diese Reaktion möglicherweise sichtbar: Teilnahme an einem Gewinnspiel, Aufsuchen eines Point of Sale oder Besuch des Webshops. Vorausgesetzt, diese Handlung lässt sich dem Mailing zuordnen – etwa durch Einlösen eines mit dem Mailing versandten Gutscheins.

- Bekommt ein Nutzer an seinem Computer eine **Suchmaschinenwerbung** angezeigt, so ist für den Werbetreibenden vieles besser trackbar: Er kann nachvollziehen, dass die Werbung dieser Person angezeigt wurde und ggf. auch, dass diese Person auf die Anzeige geklickt hat und damit auf eine bestimmte Landing Page geleitet wurde. Manches bleibt aber auch hier im Verborgenen: etwa, ob der Betreffende die Anzeige tatsächlich gesehen hat und wie sich das Image des Produkts dadurch verändert hat. Möglicherweise kommt es auch erst später auf einem anderen Endgerät zum Kauf, sodass die Werbewirkung in diesem Fall nicht erfasst werden kann.

Die bessere Trackbarkeit zählt zu den unbestrittenen Vorteilen digitaler Kommunikationskanäle, ebenso wie ihre meist geringen Kosten und ihre häufig erfolgsabhängigen Vergütungsmodelle.

Physische Werbemedien wie der klassische Werbebrief haben demgegenüber andere Vorteile: stärkere Erregung von Aufmerksamkeit, eine wertigere Anmutung, die haptische Erfahrbarkeit und nicht zuletzt eine nachhaltigere Wirkung. Zu klären ist also, ob sich ein bestimmtes Werbeziel besser digital oder physisch oder gar durch beides in Kombination erreichen lässt. Dies ist eine typische Frage, die mit Hilfe geeigneter Kenngrößen geklärt werden muss.

## 2.2 Absolute KPIs zur Messung der Werbewirkung

### 2.2.1 KPIs für physische Mailings

Im Folgenden werden einige Kenngrößen oder Key Performance Indicators (KPIs) betrachtet, die im Dialogmarketingcontrolling verwendet werden, um zu beurteilen, ob eine Kampagne erfolgreich war. Im Focus stehen dabei zunächst die KPIs entlang des Kaufprozesses bei einem physischen Mailing. Die Abb. 2.3 zeigt die geläufigsten KPIs, die hier jeweils auf die Menge aller ausgesendeten Mailings bezogen sind. Diese Kenngrößen sind insofern als „absolut" zu bezeichnen, dass sie keine Relation zu den aufgewendeten Kampagnenkosten herstellen.

Beginnend mit der Wahrnehmungsquote, d. h. dem Anteil der Mailings an der gesamten Aussendemenge, die von ihren Empfängern wahrgenommen wurden, bis hin zur Lesequote handelt es sich um Messgrößen „weicher Faktoren". Diese lassen sich nur durch Befragung der Empfänger auf Basis einer Stichprobe schätzen.

Vorausgesetzt das primäre Ziel des Mailings ist der Abverkauf, lassen sich die übrigen KPIs tracken, sofern die Responses dem Mailing zugeordnet werden können. Hier können beispielsweise spezifische Gutscheincodes hilfreich sein, um diese Zuordnung zu ermöglichen. Die Responsequote entspricht dabei demjenigen Anteil der Empfänger, der aufgrund des Mailings Kontakt zum Absender aufnimmt, ohne dass dabei schon ein Kauf zustande gekommen sein muss.

Erst die nächsten Kenngrößen betrachten dabei, wie viel Umsatz, Rohertrag bzw. Deckungsbeitrag durchschnittlich mit einer Aussendung erzielt wurde. Zieht man von dem Umsatz die direkt zurechenbaren Kosten ab, erhält man den Rohertrag. Hierzu zählen im

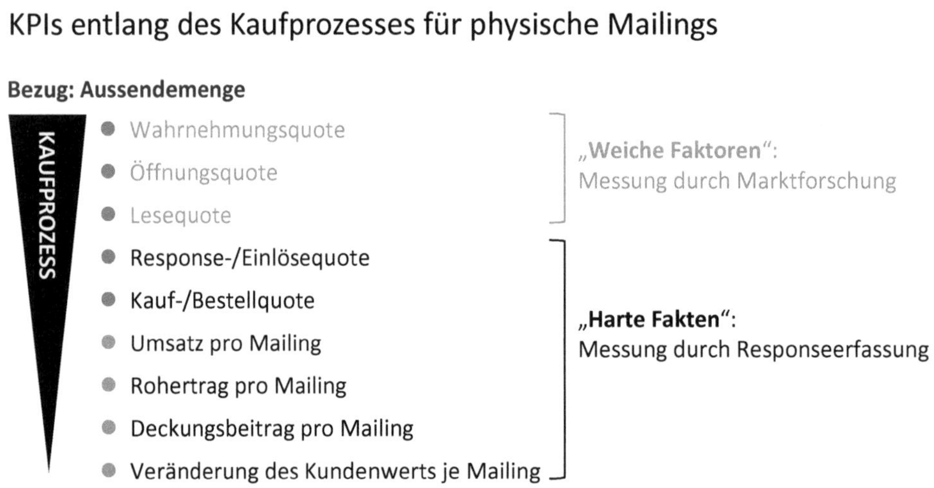

### KPIs entlang des Kaufprozesses für physische Mailings

**Bezug: Aussendemenge**

KAUFPROZESS

- Wahrnehmungsquote
- Öffnungsquote
- Lesequote

„Weiche Faktoren":
Messung durch Marktforschung

- Response-/Einlösequote
- Kauf-/Bestellquote
- Umsatz pro Mailing
- Rohertrag pro Mailing
- Deckungsbeitrag pro Mailing
- Veränderung des Kundenwerts je Mailing

„Harte Fakten":
Messung durch Responseerfassung

**Abb. 2.3** Absolute KPIs für physische Mailings. (Darstellung mit freundlicher Genehmigung der Deutsche Post DHL Group)

## 2.2 Absolute KPIs zur Messung der Werbewirkung

Handel im Wesentlichen die Beschaffungskosten der Waren. Bei einem selbst vertreibenden Hersteller sind anstelle der Warenbeschaffungs- die Herstellkosten anzusetzen. Auch die Nebenkosten des Umsatzes, beispielsweise vom Kunden nicht getragene Versandkosten und Personalkosten der Versandabwicklung sind hier zum Abzug zu bringen.

Den mit der Mailingaussendung verbundenen Deckungsbeitrag erhält man schließlich, indem man von dem Rohertrag die weiteren variablen Kosten abzieht. Dabei handelt es sich insbesondere um die auf den einzelnen Empfänger entfallenden Marketingkosten, aber beispielsweise auch um Inzentivierungen, die den Kunden z. B. in Form von Gutscheinen als Kaufanreiz gegeben werden.

Vor allem bei Neukunden- und Reaktivierungsmailings bietet es sich an, die mittel- bis langfristigen Ertragswirkungen des Mailings zu betrachten. Dies läuft darauf hinaus, Änderungen des Kundenwerts zu betrachten, die durch die Mailingkampagne ausgelöst werden. Unter dem Kundenwert wird dabei der vom Anbieter wahrgenommene Beitrag eines Kunden zur Erreichung der Ziele des Anbieters verstanden (Helm et al. 2017, S. 6).

Neben dem Bezug auf die gesamte Aussendemenge kann auch ein Bezug auf eine vorhergehende Kaufprozessstufe hergestellt werden. Man betrachtet also beispielsweise die Leserate als Anteil der geöffneten Mailings, die auch gelesen wurden, oder den Durchschnittsumsatz bezogen auf alle Bestellvorgänge, die das Mailing bewirkt hat. Wenn die Wirkung eines Mailings nicht zufriedenstellend ist, sind diese Kenngrößen hilfreich, um festzustellen, an welcher Stelle des Kaufprozesses Probleme bestehen.

**Beispiel 2.1 KPIs für ein Print-Mailing**

In der Abb. 2.4 wird ein Zahlenbeispiel für ein physisches Print-Mailing mit einer Versandmenge von 10.000 Stück betrachtet. Neben dem Gesamtwert des KPI wird jeweils

### Stufenbezogene Raten geben Auskunft über Stärken und Schwächen entlang des Kaufprozesses

Bezug: Aussendemenge

KAUFPROZESS
- Wahrnehmungsquote
- Öffnungsquote
- Lesequote
- Response-/Einlösequote
- Kauf-/Bestellquote
- Umsatz pro Mailing
- Rohertrag pro Mailing
- Deckungsbeitrag pro Mailing
- Veränderung des Kundenwerts je Mailing

| KPIs für Print-Mailings | Absolutwert | absoluter KPI (pro Mailing) | Stufenbezogener KPI |
|---|---|---|---|
| Aussendemenge | 10.000 | X | X |
| geöffnete Briefe | 5.000 | 50 % | 50 % |
| gelesene Briefe | 3.000 | 30 % | 60 % |
| Responses | 500 | 5 % | 17 % |
| Umsatz | 6.000 € | 0,60 € | 12,00 € |
| Rohertrag | 3.500 € | 0,35 € | 58 % |
| Deckungsbeitrag | 3.000 € | 0,30 € | 86 % |
| Differenz Kundenwert | 4.000 € | 0,40 € | 133 % |

**Abb. 2.4** Berechnungsbeispiel für absolute KPIs bei physischen Mailings

der absolute KPI pro Mailing sowie die stufenbezogene Rate dargestellt. In grauer Schrift sind dabei diejenigen KPIs dargestellt, deren Messung nur mit Hilfe einer Marktforschungsstudie auf Basis einer Stichprobe möglich wäre, sodass hierfür i. d. R. keine Messwerte vorliegen. ◄

### 2.2.2 KPIs für digitale Medien

Wie sehen nun im Vergleich zu den KPIs bei physischen Mailings diejenigen eines digitalen Kaufprozesses aus? Ein Hauptunterschied liegt darin, dass digitale Medien demselben Nutzer häufig mehrfach angezeigt werden. Diese wiederholte Anzeige, die sich oft nicht vermeiden lässt und die vielfach auch erwünscht ist, führt dazu, dass zwischen den Brutto-Ausspielungen (Ad Impressions) und den Netto-Ausspielungen einer Kampagne (Unique Users) zu unterscheiden ist – im letzteren Fall zählen mehrfache Ausspielungen an denselben Nutzer nur einfach.

Ausgehend von diesen beiden Basisgrößen kann nun der weitere Kaufprozess betrachtet werden. Üblicherweise führt die digitale Anzeige der Werbung – beispielsweise ein Banner oder ein Video – zunächst auf eine spezifische Landingpage und von dort in den allgemeinen Webshop des Werbetreibenden; dieser Fall wird im Weiteren unterstellt.

Diejenigen Stufen des Kaufprozesses, die eine konkrete Aktion des potenziellen Käufers erfordern, lassen sich dabei als harte Fakten erfassen: Die Clicks zur Weiterleitung auf die Landingpage ebenso wie zur Weiterleitung auf den Webshop (vgl. Abb. 2.5). Bleibt der Click aus, sind hierfür weiche, nicht trackbare Faktoren verantwortlich: Wurde die Werbung überhaupt wahrgenommen und wurden die Informationen der Landing Page gelesen. Im Webshop lassen sich dann ebenso wie im physischen Fall die weiteren KPIs Kauf/Bestellung, Umsatz, Rohertrag, Deckungsbeitrag und Kundenwertänderung erfassen.

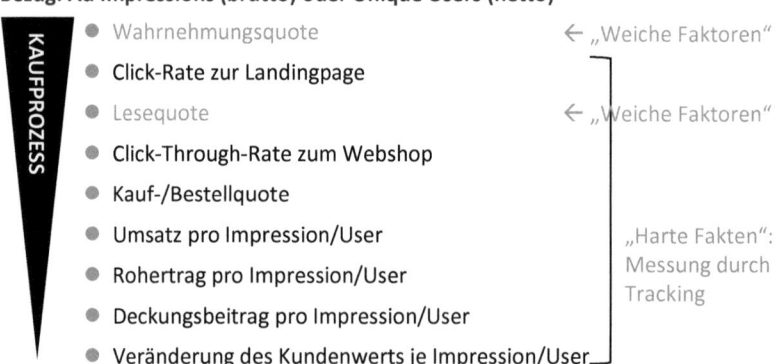

**Abb. 2.5** Absolute KPIs für digitale Medien. (Darstellung mit freundlicher Genehmigung der Deutsche Post DHL Group)

## 2.2 Absolute KPIs zur Messung der Werbewirkung

> **Beispiel 2.2 KPIs für eine digitale Kampagne**
>
> Eine digitale Werbekampagne erreicht 50.000 Ad Impressions (Mehrfachzählung) bzw. 25.000 Unique Users (Einfachzählung). Die Abb. 2.6 zeigt exemplarisch, wie hierfür die KPIs auf den einzelnen Stufen des Kaufprozesses aussehen können. Dabei ist jeweils zwischen Einfach- und Mehrfachzählung zu unterscheiden. Dies gilt auch für die monetären Zielgrößen, bei denen zwar im Zähler (Absolutwert) eine Unterscheidung zwischen Mehrfach- und Einfachzählung nicht mehr sinnvoll ist, wohl aber bei der Bezugsgröße im Nenner. So erreicht die Beispielkampagne einen Deckungsbeitrag von 0,02 € je Ad Impression und von 0,04 € je Unique User. ◄

### 2.2.3 Berücksichtigung von Auswirkungen auf den Kundenwert

Um die Veränderung des Kundenwerts je ausgesendetes Mailing zu betrachten, muss vorausgesetzt werden, dass das werbetreibende Unternehmen eine geeignete Methode zur Berechnung monetärer, zukunftsbezogener Kundenwerte einsetzt. Ein Überblick über hier einsetzbare Methoden gibt z. B. Krafft und Boes (2017). Eine einfache Methode hierfür ist beispielsweise, für die Kunden einen mittleren Deckungsbeitrag pro Jahr ($DB_T$) sowie eine mittlere weitere Kundenlebenszeit ($T$) zu bestimmen. Dann ergibt sich der weitere Lebenszeitwert des Kunden (Customer Lifetime Value, CLV) näherungsweise nach folgender Formel:

$$CLV = \frac{DB_T \cdot T}{(1+q)^{\frac{T}{2}}}, \qquad (2.1)$$

**Der Bezug auf Ad Impressions oder Unique Users liefert ein unterschiedliches Bild des Werbeerfolgs**

Bezug: Ad Impressions (Mehrfachzählung) oder Unique Users (Einfachzählung)

| KAUFPROZESS | | Absolutwert | | absoluter KPI | | Stufen-Raten | |
|---|---|---|---|---|---|---|---|
| | | Mehrfach-zählung | Einfach-zählung | Mehrfach-zählung | Einfach-zählung | Mehrfach-zählung | Einfach-zählung |
| | Ad Impressions / Unique Users | 50.000 | 25.000 | x | x | x | x |
| | Wahrnehmungen | 10.000 | 6.000 | 20 % | 24 % | 20 % | 24 % |
| | Clicks zur Landingpage | 4.000 | 3.000 | 8,0 % | 12,0 % | 40 % | 50 % |
| | Leser der Landingpage | 2.900 | 2.700 | 5,8 % | 10,8 % | 73 % | 90 % |
| | Click-Throughs zum Webshop | 1.500 | 1.400 | 3,0 % | 5,6 % | 52 % | 52 % |
| | Käufe bzw. Bestellungen | 750 | 720 | 1,5 % | 2,9 % | 50 % | 51 % |
| | Umsatz | | 5.000 € | 0,10 € | 0,20 € | 6,67 € | 6,94 € |
| | Rohertrag | | 2.500 € | 0,05 € | 0,10 € | 50 % | |
| | Deckungsbeitrag | | 1.000 € | 0,02 € | 0,04 € | 40 % | |
| | Differenz des Kundenwerts | | 2.000 € | 0,04 € | 0,08 € | 200 % | |

**Abb. 2.6** Berechnungsbeispiel für absolute KPIs bei digitalen Medien

dabei ist $q$ der zur Diskontierung verwendete Zinssatz.

Durch den Einsatz des Mailings als Werbemittel wird der Kundenwert nun positiv oder negativ beeinflusst. Reagiert der Kunde auf das Mailing, so hat dies i. d. R. eine deutliche Steigerung des Kundenwerts zur Folge, denn normalerweise steigt damit auch die Wahrscheinlichkeit, dass der reagierende Kunde auf weitere Werbeanstöße reagiert. Reagiert der Kunde hingegen nicht, so steigt damit die Wahrscheinlichkeit, dass er auch auf weitere Mailings nicht reagieren wird. Der Wert des Kunden sinkt also in diesem Fall.

Lassen sich für eine bestimmte Gruppe von Kunden diese Auswirkungen beziffern, so kann damit ausgehend von der Reaktionsquote dieser Kundengruppe die Auswirkung des Mailings auf diese Kundengruppe berechnet werden. Zum CLV ist in diesem Fall noch der Deckungsbeitrag der Reaktion auf das Mailing abzüglich der Akquisekosten hinzuzuaddieren. Ergibt sich für dieses Mailing eine positive Änderung des CLV gegenüber dem Fall, das Mailing nicht zu versenden, rechnet sich das Mailing auf mittelfristige Sicht.

> **Beispiel 2.3 Auswirkungen eines Mailings auf den Kundenwert**
>
> Betrachtet wird eine Kundengruppe, die einen durchschnittlichen Deckungsbeitrag pro Jahr in Höhe von 30 € erzielt, und zwar über eine mittlere Kundenlebenszeit von 2,5 Jahren hinweg. Durch die Zusendung eines Mailings treten folgende Auswirkungen auf:
>
> - Im Reaktionsfall: Der jährliche Deckungsbeitrag steigt auf 40 € bei einer Kundenlebenszeit von 4,0 Jahren.
> - Im Nicht-Reaktionsfall: Der jährliche Deckungsbeitrag sinkt auf 25 € bei einer Kundenlebenszeit von 2,3 Jahren.
>
> Der Diskontierungszins beträgt 5 %; die Reaktionsquote auf das 1 € kostende Mailing 20 %. Der durchschnittliche mit dem Mailing erwirtschaftete Rohertrag beträgt 5 €, wobei 3 € Inzentivierungskosten für die Einlösung des mitgesendeten Gutscheins anfallen. Abb. 2.7 zeigt für diese Konstellation, welche Änderung des CLVs sich durch den Mailingversand ergibt. Allein anhand der kurzfristigen Deckungsbeiträge beurteilt, wäre das Mailing hier nicht kostendeckend: Es entsteht ein kurzfristiger Verlust von 0,60 € je versendetem Mailing. Erst durch die Berücksichtigung der mittelfristigen Auswirkungen des Mailingversands auf die Kundenqualität ergibt sich hier ein positiver Erfolgswert: der CLV steigt um 1,35 € je ausgesendetem Mailing. ◄

Auch wenn die exakte Berechnung eines derartigen Effekts vielen Werbetreibenden zu aufwändig sein dürfte, ist es doch nützlich, sich diesen exemplarisch vor Augen zu führen. Eine Werbekampagne, die kurzfristig knapp unter der Rentabilitätsgrenze liegt, wird dann unter Umständen anders zu bewerten sein. Hierbei ist hilfreich, wenn zumindest eine grobe Vorstellung von den mittelfristigen Auswirkungen der Kampagne besteht. Besonders relevant ist dies bei Neukunden- und Reaktivierungskampagnen, weil hierbei normalerweise die größten Veränderungen des Kundenwerts im Falle einer Reaktion auftreten. Bei einem ohnehin guten Kunden hingegen ist die Information, dass er auf das aktuelle Mailing reagiert hat, viel weniger relevant, sodass hier geringere mittelfristige Wirkungen entstehen.

## Kampagnen rechnen sich oft erst durch den gesteigerten Kundenwert

| | kein Mailing bzw. vor Mailing | nach Mailing | | |
|---|---|---|---|---|
| | | Reagierer (20%) | Nicht-Reagierer (80%) | Gesamt (100%) |
| Akquisekosten (Mailingkosten + Inzentivierung) | 0,00 € | 4,00 € | 1,00 € | 1,60 € |
| Rohertrag Sofortreaktion | 0,00 € | 5,00 € | 0,00 € | 1,00 € |
| Deckungsbeitrag Mailing | 0,00 € | 1,00 € | -1,00 € | -0,60 € |
| weiterer Deckungsbeitrag pro Jahr | 30,00 € | 40,00 € | 25,00 € | |
| Kundenlebenszeit | 2,5 Jahre | 4,0 Jahre | 2,3 Jahre | |
| Diskontierungszins | 5% | 5% | 5% | |
| Diskontierter Lebenszeitgewinn | 70,56 € | 145,12 € | 54,36 € | 72,51 € |
| CLV | 70,56 € | 146,12 € | 53,36 € | 71,91 € |
| Änderung CLV durch Mailing | | | | +1,35 € |

**Abb. 2.7** Berechnungsbeispiel für den Kampagnenbeitrag zum Customer-Lifetime Value

## 2.3 KPIs zur Herstellung einer Kosten-Wirkungs-Relation

### 2.3.1 Kosten im Dialogmarketing

War die Wirkung eines Werbemediums nun gut oder eher schwach? Um dies beurteilen zu können, muss man die Werbewirkung zu dem damit verbundenen Aufwand in Relation setzen (vgl. Abb. 2.8). Während man bei der reinen Wirkungsbetrachtung auch von der Effektivität der Werbung spricht, beinhaltet der Begriff der Effizienz von Werbung eine Wirtschaftlichkeitsbetrachtung unter Einbezug der durch die Werbung entstehenden Kosten.

Zur Berechnung relativer Kosten-KPIs ist also zunächst der mit der Kampagne verbundene Gesamtaufwand zu ermitteln. Die Kostenarten sind in Abb. 2.9 dargestellt.

- **Kosten im Vorfeld:** Dieser Kostenblock umfasst die im Vorfeld der Kampagnendurchführung entstehenden Kosten für Planung, Konzeption und Produktion der Werbemittel. Während bei digitalen Medien hier primär Kosten für die Erstellung des Werbemediums anfallen (z. B. für Agentur, Fotorechte, Grafik), fallen bei einem Werbebrief außerdem noch die Kosten für den Druck ins Gewicht.
- **Distributionskosten:** Als zweiter Kostenblock sind die Kosten für die Schaltung bzw. Distribution des Werbemediums zu nennen, d. h. diejenigen Kosten, die damit verbunden sind, das Werbemedium bei den Empfängern zu verbreiten. Bei einem Werbebrief handelt es sich um die Portokosten und ggf. auch die Kosten für die Selektion, den Kauf oder die Miete von Adressen, denen das Werbemedium zugestellt werden soll. Bei digitalen Medien handelt es sich um Schaltkosten, die dafür zu zahlen sind,

## Aus den absoluten KPIs entstehen relative KPIs, indem die Werbewirkung zu den Werbekosten ins Verhältnis gesetzt wird

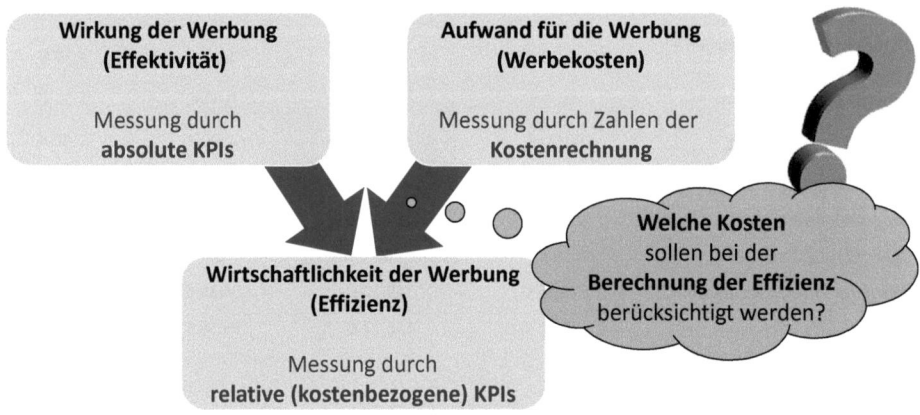

**Abb. 2.8** Absolute vs. relative KPIs

## Im Dialogmarketing treten diverse Kostenarten auf, die als fixe und/oder variable Kosten anfallen

**Kostenarten im Dialogmarketing**

| | | fix | variabel |
|---|---|---|---|
| **1 » Kosten im Vorfeld** | ▪ Planungskosten | x | |
| | ▪ Konzeptionskosten | x | |
| | ▪ Produktionskosten | x | x |
| **2 » Distributionskosten** | ▪ Schaltungskosten | | x |
| | ▪ Distributionskosten | | x |
| | ▪ Adresskosten | | x |
| **3 » Anschluss-Kosten** | ▪ Kosten der Response-Erfassung | | x |
| | ▪ Kosten der Erfolgskontrolle | x | |
| | ▪ Inzentivierungskosten | | x |

**Abb. 2.9** Kostenarten im Dialogmarketing. (Darstellung mit freundlicher Genehmigung der Deutsche Post DHL Group)

dass das Werbemedium auf vorher definierten Webseiten ausgespielt wird. Im digitalen Bereich sind neben pro Kontakt anfallenden Kosten auch erfolgsabhängige Bezahlmodelle verbreitet, bei denen nicht jede einzelne Ad Impression bezahlt wird, sondern die durch die Ad Impressions ausgelösten Clicks oder Bestellungen. Man spricht in diesem Zusammenhang von CpC- bzw. CpO-basierten Bezahlmodellen (Cost per Click bzw. Cost per Order).

## 2.3 KPIs zur Herstellung einer Kosten-Wirkungs-Relation

- **Folgekosten:** Der letzte Kostenblock betrifft die nach der Distribution der Kampagne anfallenden Kosten. Relevant sind hier insbesondere Kosten für die Response-Erfassung und die Werbe-Erfolgskontrolle. Unter Umständen sind hier auch Inzentivierungskosten (z. B. für Gutscheine oder Gewinnspiele) zu berücksichtigen.

Darüber hinaus lassen sich die bei einer Werbekampagne entstehenden Kosten nach weiteren Kriterien unterscheiden, die in Abb. 2.10 dargestellt sind. Häufig außer Acht bleiben sog. „eh-da-Kosten", die für selbst erbrachte Leistungen anfallen. Es handelt sich typischerweise um interne, fixe, laufende Kosten, die auch unabhängig von der konkreten Kampagne anfallen, beispielsweise für die durch eine interne Kreativabteilung vorgenommene Kreation des Werbemittels. Ob es allerdings tatsächlich gerechtfertigt ist, derartige Kosten insbesondere für internes Personal, aber auch für intern vorhandene Geräte und Maschinen unberücksichtigt zu lassen, muss im Einzelfall entschieden werden – normalerweise ließen sich diese Ressourcen auch für andere Zwecke einsetzen und zumindest mittelfristig auf- oder abbauen.

Zu klären ist außerdem, ob nur die variablen oder auch die fixen Kosten betrachtet werden sollen. Die in Abb. 2.10 vorgenommene Einordnung der Kostenarten als fix oder variabel anfallende Kosten ist nur als grober Anhaltspunkt zu verstehen. Zum einen können typischerweise variabel anfallende Kosten je nach Werbemedium oder Vertragsgestaltung als Fixkosten auftreten. Zum anderen beinhalten mengenabhängige Kosten neben variablen Anteilen fast immer auch fixe Kostenbestandteile. Im Fall eines physischen Mailings sind z. B. die Planungs- und Konzeptionskosten fix, d. h. sie fallen unabhängig von der Auflage an. Auch die Rüstkosten beim Druck sind fix, während die Fortdruckkosten und das Porto für jedes einzelne Mailing anfallen, also variabel sind.

Normalerweise sind für die Effizienzbeurteilung eines Mailings alle Kosten relevant. Geht es aber beispielsweise um die Frage, ob ein bereits existierendes Mailing einer weiteren Zielgruppe zugesandt werden soll, spielen in diesem Fall nur die variablen Kosten eine Rolle.

### Weitere Unterscheidungskriterien der Dialogmarketingkosten

A » - **Intern:** Kosten fallen innerhalb des Unternehmens an
- **Extern:** Kosten fallen für den Leistungsbezug bei Dienstleistern an

B » - **Fix:** Höhe der Kosten ist unabhängig von der Leistungsmenge
- **Variabel:** Kosten steigen (linear) mit der Leistungsmenge an

C » - **Entscheidungsabhängig:** Kosten fallen in Abhängigkeit von Entscheidung an
- **Entscheidungsunabhängig:** Kosten fallen in jedem Fall an

D » - **Laufend:** Kosten fallen zeitgleich mit der Leistungserbringung an
- **Investiv:** Kosten fallen im voraus einmalig an, um die Leistungserbringung für einen längeren Zeitraum zu ermöglichen

**Abb. 2.10** Weitere Kostenkriterien

In Bezug auf die Durchführung von Tests ist noch ein weiterer Aspekt wichtig: Die Kostenkalkulation sollte bei Tests immer auf den hochgerechneten Kosten für die Umsetzung auf der gesamten Zielgruppe (im sog. Full run) basieren. Die möglicherweise deutlich höheren Kosten für eine Test-Umsetzung, bei der Fixkosten wegen geringerer Stückzahlen deutlich stärker zu Buche schlagen, geben andernfalls unter Umständen ein falsches Bild. Die mit den Kosten der Testumsetzung berechneten KPIs haben daher keine Bedeutung (Schöberl 2004, S. 76).

### 2.3.2 Berechnung relativer KPIs

Ist die Frage der adäquaten Kostenbemessung geklärt, lassen sich KPIs definieren, welche eine Relation zwischen diesen Kosten und der damit erzielten Wirkung herstellen. Einen Überblick hierüber gibt Abb. 2.11.

Bei den KPIs Cost per Click (CpC), Cost per Response (CpR), Cost per Interest (CpI), Cost per Order (CpO) sowie Kosten-Umsatz-Relation (KUR) sind die entscheidungsrelevant abgegrenzten Kosten zur Zahl der Clicks, Responses usw. in Beziehung zu setzen. Als Oberbegriff dieser kostenbezogenen Kenngrößen verwendet man auch die Abkürzung Cost per X (CpX).

Zieht man vom Umsatz $U$ noch die variablen zurechenbaren Kosten $K_D$ sowie die Marketingkosten $K_M$ ab, erhält man den Deckungsbeitrag $DB$ (auf eine gesonderte Betrachtung des Rohertrags sei hier verzichtet). Geld verdient wird mit dem Mailing also, sofern dieser positiv ist. Auskunft darüber, wie hoch der Deckungsbeitrag pro eingesetztem Euro Mar-

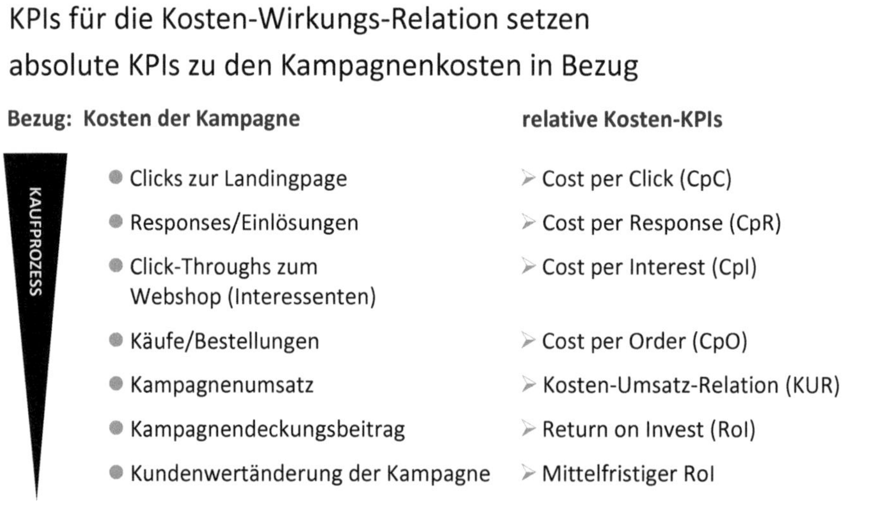

**KPIs für die Kosten-Wirkungs-Relation setzen absolute KPIs zu den Kampagnenkosten in Bezug**

| Bezug: Kosten der Kampagne | relative Kosten-KPIs |
|---|---|
| • Clicks zur Landingpage | ➢ Cost per Click (CpC) |
| • Responses/Einlösungen | ➢ Cost per Response (CpR) |
| • Click-Throughs zum Webshop (Interessenten) | ➢ Cost per Interest (CpI) |
| • Käufe/Bestellungen | ➢ Cost per Order (CpO) |
| • Kampagnenumsatz | ➢ Kosten-Umsatz-Relation (KUR) |
| • Kampagnendeckungsbeitrag | ➢ Return on Invest (RoI) |
| • Kundenwertänderung der Kampagne | ➢ Mittelfristiger RoI |

(KAUFPROZESS)

**Abb. 2.11** Relative KPIs. (Darstellung mit freundlicher Genehmigung der Deutsche Post DHL Group)

## 2.3 KPIs zur Herstellung einer Kosten-Wirkungs-Relation

ketingbudget ausfällt, gibt der Return on Investment (RoI), der sich als Quotient dieser beiden Größen errechnet:

$$RoI = \frac{DB}{K_M} = \frac{U - K_D - K_M}{K_M}. \tag{2.2}$$

In Gl. 2.2 ist die Berechnung für die aggregierten Werte aller Empfänger einer Kampagne dargestellt; analog können auch RoI-Werte auf kundenindividueller Basis berechnet werden. Anzustreben ist, dass der RoI über alle Kunden durchschnittlich im positiven Bereich liegt. Dabei ist allerdings die Maximierung des RoI häufig kein sinnvolles Marketingziel – hierzu unten mehr.

Bei Reaktivierungsmailings ist es zudem sinnvoll, den mittelfristigen RoI heranzuziehen, bei dem in den Deckungsbeitrag auch der Effekt auf den Kundenwert – soweit bezifferbar – einbezogen wird.

> **Beispiel 2.4 Relative KPIs für eine digitale Kampagne**
>
> Ausgehend von den Zahlen des Beispiels 2.2 für eine digitale Werbekampagne lassen sich die kostenbezogenen relativen KPIs berechnen. Hierzu werden die Kampagnenkosten, die hier mit 1500 € angesetzt sind, durch die jeweiligen absoluten KPIs dividiert. Man erhält die in Abb. 2.12 angegebenen Ergebnisse. Zur Berechnung der kurz- und mittelfristigen RoI-Werte muss aus den jeweiligen Quotienten noch der Kehrwert gebildet werden. Hier liegt bereits der kurzfristige RoI über 1, sodass sich die Kampagne mittelfristig rechnet. ◄

## Für relative KPIs werden die Kosten durch die absolute KPI geteilt – außer beim kurz- und mittelfristigen RoI

**relative Kosten-KPIs** (KAUFPROZESS)

- Cost per Click (CpC)
- Cost per Response (CpR)
- Cost per Interest (CpI)
- Cost per Order (CpO)
- Kosten-Umsatz-Relation (KUR)
- Return on Invest (RoI)
- Mittelfristiger RoI

| Relative KPIs für Print-Mailings | Absolutwert | Absoluter KPI (pro Ad Impr.) | Kosten: 1.500 € / Relativer KPI (Kosten / KPI) |
|---|---|---|---|
| Ad Impressions | 50.0000 |  | 0,03 € |
| Clicks | 4.000 | 8 % | 0,38 € |
| Click-Throughs (Interests) | 1.500 | 3 % | 1,00 € |
| Käufe (Orders) | 750 | 1,5 % | 2,00 € |
| Umsatz | 5.000 € | 0,10 € | 30 % |
| Deckungsbeitrag | 1.000 € | 0,02 € | 150 % |
| Differenz Kundenwert | 2.000 € | 0,04 € | 75 % |

Return On Invest (RoI): 1/1,50 = 0,67
Mittelfristiger RoI: 1/0,75 = 1,33

**Abb. 2.12** Berechnungsbeispiel für relative KPIs digitaler Medien

Diese relativen KPIs können und sollten auch kundengruppenspezifisch berechnet werden. Dabei bietet es sich beispielsweise an, Kundengruppen auf Basis eines werbemittelspezifischen Scorings zu bilden (Jacobsen und Lorscheid 2020, S. 17-19). Auf diese Weise lässt sich herausfinden, für welche Kundengruppen sich der Einsatz des Werbemediums lohnt und für welche die Werbekosten verglichen mit dem Erfolg zu hoch sind.

Die bisherigen Ausführungen legen nahe, dass ein Werbemedium umso besser wirkt, je günstiger die obigen Kennziffern – insbesondere der RoI – ausfallen. Der Schluss, dass daher ein Werbemedium mit höherem RoI einem mit niedrigerem RoI stets vorzuziehen sei, ist allerdings nicht richtig, wie das nachfolgende Beispiel zeigt.

**Beispiel 2.5 Deckungsbeitrag oder RoI?**

Ein Unternehmen möchte eine bestimmte Kundengruppe kontaktieren, wobei als Kanäle ein Werbebrief (Mailing) sowie ein digitaler Newsletter (E-Mail) in Frage kommen. Möglich sind auch die Kombination beider Kanäle sowie der Verzicht auf den Kundenkontakt. Die jeweils entstehenden Kosten und die zu erwirtschaftenden Roherträge zeigt Abb. 2.13.

In diesem Zahlenbeispiel wird der maximale Deckungsbeitrag (in Höhe von 2050 €) durch die Kombination von Mailing und E-Mail erreicht. Das Mailing erreicht einen Deckungsbeitrag von 2000 €, die E-Mail hingegen von 1000 €. Auch wenn keiner der beiden Kanäle eingesetzt wird, bleibt ein gewisser „Bodensatz" an Rohertrag bestehen, hier in Höhe von 500 €, ohne dass Marketingkosten entstehen.

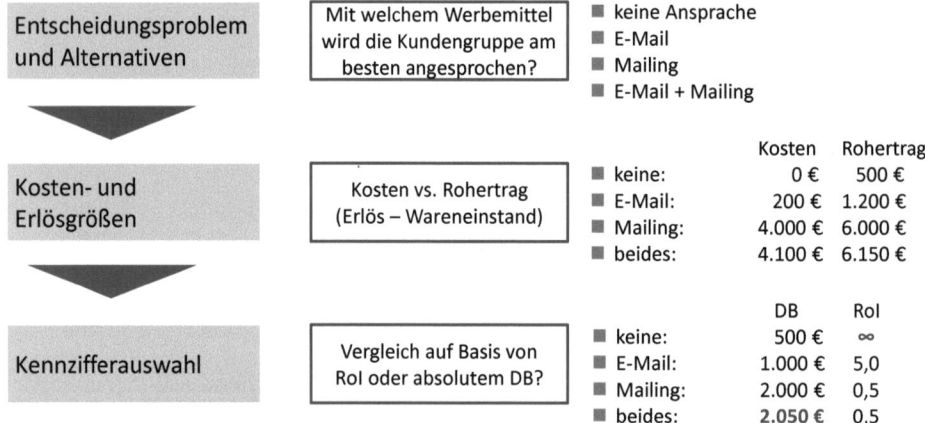

**Abb. 2.13** RoI oder Deckungsbeitrag? (Darstellung mit freundlicher Genehmigung der Deutsche Post DHL Group)

## 2.3 KPIs zur Herstellung einer Kosten-Wirkungs-Relation

Berechnet man als relative Kenngröße den RoI, entsteht ein vollkommen anderer Eindruck: Der Einsatz des Mailings, mit oder ohne Newsletter, weist einen RoI von 0,5 € auf, d. h. jeder eingesetzte Marketing-Euro führt zu 0,5 € Deckungsbeitrag. Die alleinige E-Mail hingegen erreicht aufgrund der geringen Marketingkosten von nur 200 € hier einen RoI von 5,0. Sogar unendlich groß wäre der RoI des Verzichts auf den Kundenkontakt, da hier gar keine Kosten entstehen.

Eine Entscheidung nach dem RoI würde hier also dazu führen, die Kunden gar nicht zu kontaktieren (oder allenfalls per E-Mail, falls auf jeden Fall ein Kundenkontakt stattfinden soll). Dabei ließe sich durch den zusätzlichen Einsatz des Mailings ein deutlich höherer Deckungsbeitrag erzielen. Eine Entscheidung auf Basis der relativen Kenngröße RoI ist hier nicht sinnvoll; sie würde vielmehr zum „Kaputtsparen" führen, indem auf wirtschaftlich erzielbare Kundenumsätze verzichtet wird. Mittelfristig wird so der Stamm aktiver Kunden gefährdet. ◄

Ziel der Dialogmarketing-Aktivitäten sollte daher nicht sein, die relativen Kennziffern ohne Nebenbedingungen zu optimieren. Denn dies würde dazu führen, dass immer nur die Kunden aktiviert werden, die sich ohnehin am effizientesten ansprechen lassen. Sinnvoll ist eine Entscheidung auf Basis einer relativen Kenngröße wie des RoI erst, wenn eine der in Abb. 2.14 aufgeführten Nebenbedingungen eine Rolle spielen.

- **Identische Kosten:** Die betrachteten Alternativen führen zu denselben Kosten pro kontaktierter Adresse, sodass der Vergleich auf Basis der relativen bzw. absoluten Kenngröße zu demselben Ergebnis führt. Dies ist beispielsweise der Fall, wenn lediglich verschiedene Gestaltungsvarianten desselben Werbemediums betrachtet werden, die keine Auswirkung auf die entstehenden Kosten haben.
- **Beschränktes Budget:** Hierbei geht es darum, auf Basis eines vorgegebenen Gesamtbudgets von z. B. 10.000 € für eine Kampagne die bestmögliche Wirkung zu erzielen.

**Abb. 2.14** Nebenbedingungen für KPI-Vergleiche. (Darstellung mit freundlicher Genehmigung der Deutsche Post DHL Group)

Dann ist diejenige Art der Kampagne zu wählen, mit der das beste Verhältnis von eingesetztem Budget und erzielter Wirkung erreicht wird.
- **Vorgegebene Zielsetzung:** Umgekehrt kann die Zielsetzung einer Kampagne vorgegeben sein, beispielsweise 1000 Neukunden zu gewinnen oder eine bestimmte Kundengruppe zu kontaktieren. Unter dieser Voraussetzung ist diejenige Kampagnenvariante optimal, mit der diese Wirkung mit dem geringstmöglichen Einsatz erreicht wird, bei der also Wirkung und Kosten im bestmöglichen Verhältnis zueinander stehen.

Werden verschiedene Kampagnenvarianten verglichen, so kann das werbetreibende Unternehmen beispielsweise anstreben, den CpO-Wert der Gewinnung von 100 Neukunden pro Monat zu senken. Hierfür können verschiedene Maßnahmen in Erwägung gezogen werden, zum Beispiel die Optimierung der Mailinggestaltung, die Veränderung der Zielgruppenselektion oder der Einsatz unterschiedlicher Kanäle. Da der Erfolg dieser Maßnahmen nicht a priori gewiss ist, sollten derartige Schritte zunächst ausprobiert werden. Dies geschieht mit Hilfe der in den Kap. 3 und 4 behandelten Tests. Dabei ist es wichtig, die Zielsetzung und die Rahmenbedingungen der Kampagne genau festzulegen, damit der Vergleich auf Basis einer hierfür geeigneten Kenngröße erfolgen kann.

## 2.4 Marktforschung als Messmethode

Wie bereits in Abschn. 2.1 erläutert, gibt es zahlreiche Dimensionen der Werbewirkung, die sich als sog. „weiche Faktoren" nicht direkt beobachten lassen. Zu diesen zählen v. a. die Wahrnehmungsquote und die Lesequote, bei physischen Werbebriefen auch die Öffnungsquote. Hinzu kommen Dimensionen wie Werbeerinnerung, Anbieterimage oder Produktinteresse, die sich ebenfalls nicht direkt in Käufen oder anderen direkt beobachtbaren Aktionen niederschlagen.

Anstelle der Beobachtung können diese Dimensionen mit Hilfe einer Befragung von Empfängern der Werbekampagne gemessen werden. Eine solche Befragung wenige Tage nach dem Werbekontakt ist eine kampagnenbezogene quantitative Marktforschungsstudie. Zur Markt- und Sozialforschung existiert eine Vielzahl weiterführender Quellen, exemplarisch genannt seien Berekoven et al. (2006); Schnell et al. (2018); Jacob et al. (2019).

Grundlage der Befragung sollte eine repräsentative Auswahl (Stichprobe) der Empfänger des betrachteten Werbemediums sein. Bei manchen Zielgrößen wie Image oder Produktinteresse ist es zudem erforderlich, eine Nullmessung vorzunehmen. Dies kann entweder zeitlich unmittelbar vor dem Mailingversand oder durch zufällige Auswahl einer Kontrollgruppe erfolgen, an die dann kein Werbemedium versendet wird.

Bezüglich der erforderlichen Fallzahlen kann auf die Ausführungen in Kap. 4 verwiesen werden. Bei diesen Fallzahlen handelt es sich jedoch um Nettofallzahlen. Wie in Abb. 2.15 dargestellt, muss jedoch eine wesentlich größere Personenzahl kontaktiert und als Bruttostichprobe für die Befragung ausgewählt werden. Die Bruttostichprobe reduziert sich zunächst durch die im Rahmen einer freiwilligen Befragung zu beachtende Antwort-

## 2.4 Marktforschung als Messmethode

### Brutto- und Nettostichproben bei Befragungen

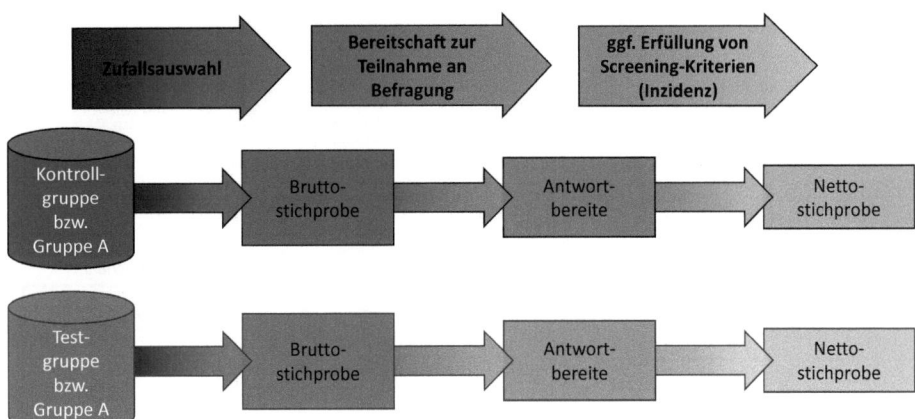

**Abb. 2.15** Auswahlprozess zur Brutto- und Nettostichprobe

bereitschaft. Im Allgemeinen wird hier mit einer Quote der Teilnahmebereitschaft von 10 % kalkuliert, was eine zehnfache Überselektion für die Befragung erfordert (z. B. für eine Nettostichprobe von 250 Befragten brutto 2500 Adressen). Bei Bestandskunden ist die Antwortbereitschaft oft deutlich größer, sodass man dann nicht so stark überselektieren muss.

Als zweite Einschränkung für die Bruttostichprobe kommt unter Umständen die sog. Inzidenz hinzu. Hiermit ist gemeint, dass nicht jede Person aus der Menge der kontaktierten Adressen der Befragungszielgruppe entsprechen muss. Beispielsweise möchte man feststellen, inwieweit bei denjenigen, die grundsätzlich Bedarf für die beworbene Produktkategorie haben, Produktinteresse erzeugt wird. Dann muss man die Befragten auf diese Gruppe der Personen mit Bedarf durch geeignete Eingangsfragen einschränken (sog. Screening). Der Anteil der Personen, die diese Screeningkriterien erfüllen, heißt Inzidenz. Bei einer Inzidenz von 25 % muss die Adressmenge für die Bruttostichprobe dann nochmals um das Vierfache überhöht selektiert werden.

Inhaltlich kann nur das abgefragt werden, was den Befragten auch bewusst ist. An die Stelle der Wahrnehmung (wurde das Werbemedium durch die Empfänger gesehen) tritt daher meist die Werbeerinnerung, d. h. die Frage, ob sich die betroffene Person daran erinnern kann, eine bestimmte Werbung wahrgenommen zu haben. Die Werbeerinnerung wird i. d. R. mehrstufig abgefragt, zunächst ungestützt und danach gestützt. Unter ungestützt ist gemeint, dass der Befragte sich nach grober Eingrenzung von selbst an die Werbung erinnern kann. Gestützt bedeutet hingegen, dass der Befragte sich erst nach der Nennung von Details – etwa einer kurzen Beschreibung des Werbemediums – an dieses erinnern kann. Neben der Erinnerung selbst ist auch die Zuordnung zum werbenden Absender relevant. Wie in Abb. 2.16 dargestellt, ergibt sich aus diesen Anforderungen für die Werbeerinnerung eine vergleichsweise komplexe Abfragefolge.

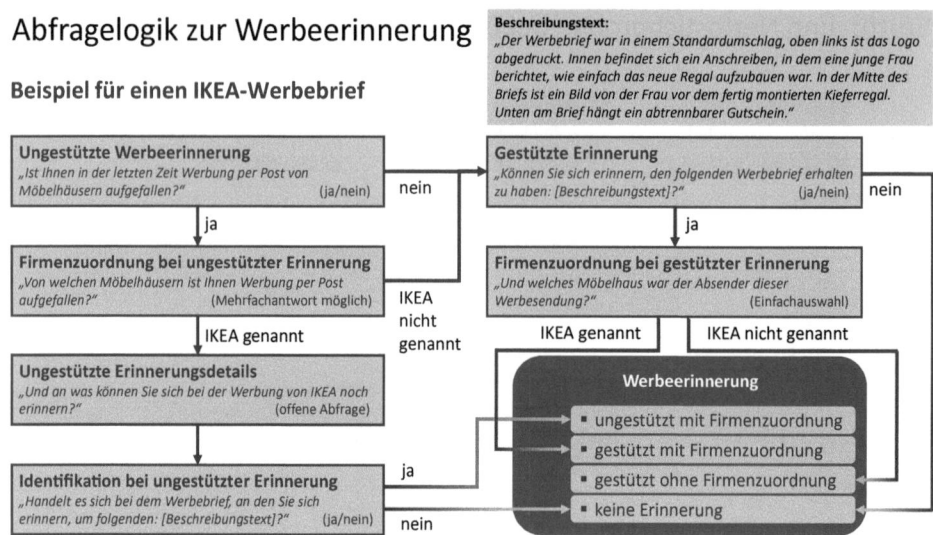

**Abb. 2.16** Abfragefolge zur gestuften Erhebung der Werbeerinnerung

Die Erinnerer können danach noch zum weiteren Umgang mit dem Werbemedium gefragt werden: zur Öffnung, zum Lesen und zu möglichen Reaktionen auf die Werbung bis hin zur Kaufabsicht.

Das Image wird meist mit Hilfe einiger Aussagen abgefragt, mit denen das werbende Unternehmen bzw. das beworbene Produkt charakterisiert werden soll. Zu Aussagen wie „… ist modern", „… ist hochwertig", „… ist kostengünstig" wird dabei die Zustimmung auf einer abgestuften Skala erfragt. Hierbei sollte man sich nicht nur auf die Werbeerinnerer beschränken. Denn das Werbemedium kann durchaus unbewusst zu einem geänderten Image beitragen, ohne dass das Werbemedium selbst bewusst erinnert wird.

# Vom Optimierungsansatz zum Testdesign 3

## 3.1 Grundidee des Testens

Im vorangegangenen Kap. 2 haben wir uns mit Kennzahlen beschäftigt, mit denen sich messen lässt, inwieweit ein Werbemittel die mit seinem Einsatz verbundenen Ziele erreicht. Je nach Zielsetzung kommen dabei unterschiedliche Kennzahlen – sog. Key Performance Indicators (KPIs) – zum Einsatz.

Angenommen ein Werbetreibender hat die Gestaltung seines Werbemediums analysiert. Er ist zu der Auffassung gekommen, dass eine blickoptimierte Gestaltung zu einer besseren Performance seines Werbemittels beitragen könnte. Er hat daher ein neues Werbemittel gestaltet. Obwohl er von dem Erfolg seiner Maßnahme recht überzeugt ist, lassen sich die Kenngrößen hierzu erst während des Einsatzes messen.

Dies bedeutet, dass der Werbetreibende a priori nicht sicher sein kann, ob die mit einer Modifikation des Werbemitteleinsatzes verbundene Verbesserung der Zielsetzung auch tatsächlich erreicht wird. Und auch nach dem Einsatz des Werbemittels bleibt oft unklar, ob eine Veränderung der Kenngröße tatsächlich auf die vorgenommene Maßnahme zurückzuführen ist.

Denn meist ändern sich außer der bewusst vorgenommenen Modifikation – hier die verbesserte Gestaltung – auch andere Rahmenbedingungen des Werbemitteleinsatzes: beispielsweise die Wettbewerbsaktivitäten, das zeitliche Umfeld oder das konkret beworbene Produkt. Dies führt dazu, dass die Verbesserung Zielgröße nicht zweifelsfrei auf die Gestaltungsmodifikation zurückgeführt werden kann, da hierfür auch einer der anderen geänderten Faktoren verantwortlich sein kann.

An dieser Stelle setzen Tests im Dialogmarketing an. Tests haben die Aufgabe, verschiedene Varianten des Werbemitteleinsatzes gezielt miteinander zu vergleichen, und zwar auf Basis von Stichproben und unter vergleichbaren Rahmenbedingungen. Wichtig ist, dass ein Test in diesem Sinne immer ein Experiment darstellt, das auf einer Teilmenge möglicher Adressaten durchgeführt wird. Das Ziel besteht darin, belastbare Erkenntnisse für eine künftige Umsetzung im Full Run zu gewinnen. Wer einen Test durchführt, sollte sich unbedingt bereits im Vorfeld Gedanken machen, in welcher Weise diese Erkenntnisse anschließend für weitere Kampagnen genutzt werden können (Schöberl 2004, S. 49).

Tests sind damit das Entwicklungslabor des Dialogmarketings. David Ogilvy (1911–1999), einer der Pioniere des Dialogmarketing, formulierte: „Never stop testing, and your advertising will never stop improving." (Ogilvy o. J.). Auf diese Weise entsteht eine andauernde Abfolge aufeinander aufbauender Tests. Dabei werden, wie in Abb. 3.1 dargestellt, die Phasen Analyse – Konzeption – Umsetzung – Kontrolle wiederholt nacheinander durchlaufen.

- **Analyse:** Dieser Schritt bedeutet, sich die bisherige Kommunikation genau anzuschauen. Was läuft gut, was weniger gut? Lassen sich hieraus Hinweise oder Vermutungen ableiten, auf welche Weise die Kommunikation verbessert werden könnte? Oft können auch Methoden des analytischen Customer Relationship Managements wie Scorings oder Segmentierungen eingesetzt werden, um die Kundenansprache zu verbessern. Ein Überblick über derartige Analysemethoden findet sich bei Jacobsen und Lorscheid (2020). Zudem können Experten zu Rate gezogen werden, die sich beispielsweise die Gestaltung der Werbemittel oder die Art der Zielgruppenselektion genauer anschauen und Optimierungsvorschläge dazu geben.
- **Konzeption:** Hier werden aus den Hinweisen zu Optimierungswegen konkrete Hypothesen entwickelt. Es geht darum, die aus der Analysephase abgeleitete vage Idee in ein Testdesign zu überführen. Dazu müssen die Hypothesen genau formuliert werden, der Testzeitraum und die relevanten Zielgrößen sowie die für den Test zu bildenden Test- und Kontrollgruppen festgelegt werden. Nicht zuletzt müssen die Varianten soweit ausdefiniert werden, dass sie für einen Test praktisch umsetzbar sind: Aus der Idee einer

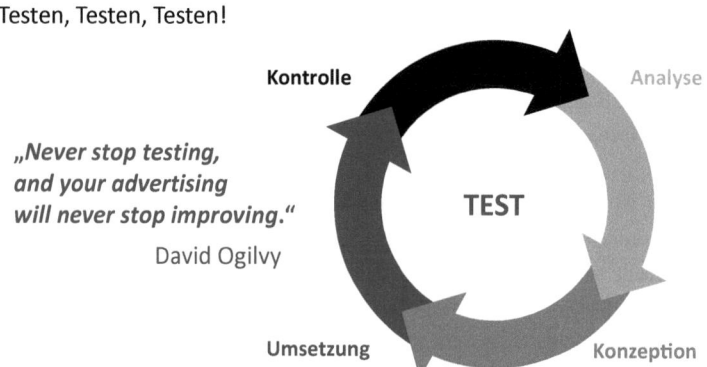

**Abb. 3.1** Testkreislauf im Dialogmarketing. (Darstellung mit freundlicher Genehmigung der Deutsche Post DHL Group)

## 3.1 Grundidee des Testens

besseren Gestaltung – vielleicht noch mit der Überlegung, in welche Richtung die Verbesserung gehen soll – muss ein versendbares Testmedium werden.
- **Umsetzung:** In dieser Phase wird das Testkonzept real umgesetzt. Die ausgewählten Test- und Kontrollgruppen erhalten das ihnen zugeordnete Testmedium und die Möglichkeit, hierauf zu reagieren. Dies kann – je nach Zielsetzung – beispielsweise die Erhöhung des Bekanntheitsgrades, eine Kontaktaufnahme oder der Besuch des PoS bzw. Webshops sein. In vielen Fällen wird es aber darum gehen, den Adressaten der Werbung zu einem Kauf zu bewegen.
- **Kontrolle:** Hiermit ist das Auswerten der definierten Zielgröße gemeint. Die erreichten Zielgrößenwerte sind für die einzelnen Varianten des Testdesigns zu ermitteln. Die unterschiedlichen Messwerte der Gruppen sind dabei auf Signifikanz zu prüfen, d. h. es ist zu klären, inwieweit sich ein realer Unterschied der Varianten manifestiert hat oder ob es sich mit hoher Wahrscheinlichkeit um ein bloßes Zufallsprodukt handelt.

Am Ende des Kontrollschritts schließt sich ein neuer Analyseschritt an. Sind die erwarteten Unterschiede erreicht worden, so lassen sich hierauf aufbauend weitere Optimierungsideen entwickeln. War das Resultat nicht wie erwartet, ist insbesondere die konkrete Ausgestaltung für die Umsetzung kritisch zu würdigen. War möglicherweise der Optimierungsansatz gut, aber seine Realisierung für den Test ungeeignet, sodass sich ein neuer Versuch lohnen kann?

Insbesondere für digitale Medien lassen sich Tests mit geringem Aufwand und innerhalb sehr kurzer Zeit aufsetzen und umsetzen. Eine modifizierte Variante eines E-Mail-Newsletters oder einer Suchmaschinenwerbung ist schnell erstellt, um sie testweise einzusetzen. Doch auch für physische Medien wie den Werbebrief lohnt sich der Aufwand methodisch sauber aufgesetzter Tests, um Klarheit über die Wirkung umgesetzter Optimierungsansätze zu bekommen.

Wie in Abb. 3.2 dargestellt, können Gegenstand eines Tests alle Stellschrauben sein, die das Dialogmarketing bietet:

- **Zielgruppentests:** Hier können verschiedene Selektionsmöglichkeiten gegeneinander getestet werden. Hierzu zählen auch Tests von Werbeträgern bzw. Werbekanälen, da jeder Kanal eine kanalspezifische Zielgruppe besitzt, die sich über ihn erreichen lässt. Im Online-Marketing zählen hierzu z. B. auch verschiedene Trägerseiten, auf denen eine digitale Werbung ausgespielt werden kann. Insbesondere im physischen Dialogmarketing hat dieser Faktor den größten Einfluss auf den Werbeerfolg; beim Einsatz digitaler Werbemedien liegt dieser Anteil etwas niedriger.
- **Produkt-/Angebotstests:** Hierzu zählen alle Tests, die mit dem angebotenen Produkt selbst oder den mit dem Angebot verbundenen Modalitäten zu tun haben: Produktvarianten, Angebotspreise, Zahlungsmodalitäten, Bestellwege, Bestellprämien usw. Nach der Zielgruppe ist das Produkt bzw. Angebot der zweitwichtigste Einflussfaktor auf den Werbeerfolg.

## Tests im Dialogmarketing sollten verschiedene Testfelder behandeln

**Abb. 3.2** Testfelder im Dialogmarketing. Zu den relativen Bedeutungen der Erfolgsfaktoren vgl. Holland (2009, S. 374). (Darstellung mit freundlicher Genehmigung der Deutsche Post DHL Group)

- **Timingtests**: Auch der richtige Zeitpunkt der Ansprache spielt für den Werbeerfolg eine wesentliche Rolle. Variiert werden können hier das Makro-Timing – also beispielsweise, ob sich die Adventszeit für die Platzierung der Werbung eignet – als auch das Mikro-Timing, also beispielsweise der optimale Wochentag für die postalische Zustellung oder die beste Tageszeit für eine Online-Werbung.
- **Anprachetests**: Hier geht es um die Gestaltung der Werbemittel, d. h. um das Layout, um die Auswahl von Schriften und Farben sowie um die Werbetexte und die Bildauswahl. Dem Werbetreibenden sollte bewusst sein, dass die Optimierung dieser Aspekte i. d. R. nicht mehr als 20 % zum Werbeerfolg beizutragen vermag (Holland 2009, S. 374).

## 3.2 A-B-Test und weitere Testdesigns

Ein Test hat das Ziel, den in der Hypothese angesprochenen Einflussfaktor auf die Zielgröße im Rahmen eines Experiments zu isolieren, sodass das Ergebnis nicht von anderen Einflussgrößen überlagert wird. In vielen Fällen wird man in den Test nur einen Teil der potenziellen Empfänger einbeziehen, während man mit dem Rest der Kunden die bisherige Kommunikation weiterführt.

Grundtyp des Tests ist der in Abb. 3.3 dargestellte A-B-Test. Dabei wird aus den potenziellen Empfängern eine Stichprobe gebildet, die anschließend zufällig in zwei gleich große Gruppen aufgeteilt wird. Die Ziehung der Stichprobe und deren anschließende Aufteilung soll zufällig erfolgen. Denn nur in diesem Fall sind die Ergebnisse repräsentativ für die Gesamtheit aller potenziellen Adressaten und die Ergebnisse der beiden Gruppen un-

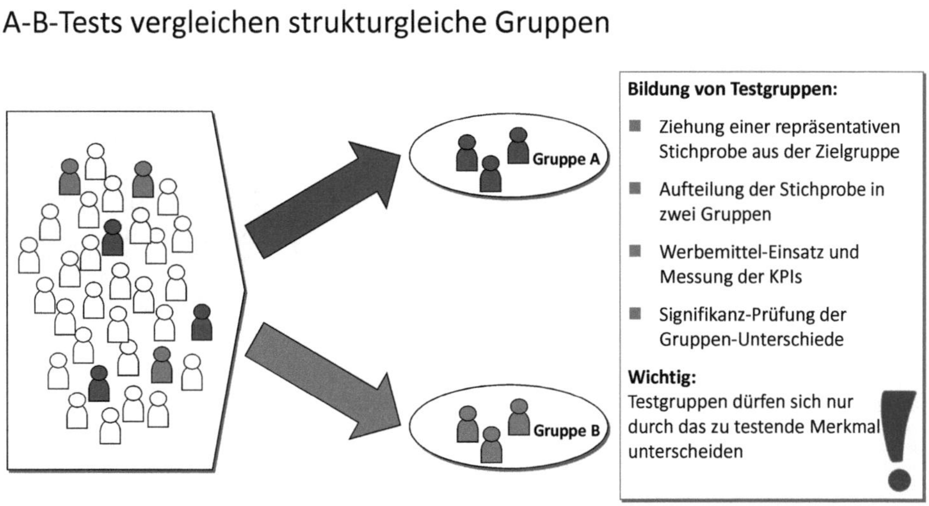

## 3.2 A-B-Test und weitere Testdesigns

### A-B-Tests vergleichen strukturgleiche Gruppen

**Bildung von Testgruppen:**

- Ziehung einer repräsentativen Stichprobe aus der Zielgruppe
- Aufteilung der Stichprobe in zwei Gruppen
- Werbemittel-Einsatz und Messung der KPIs
- Signifikanz-Prüfung der Gruppen-Unterschiede

**Wichtig:** Testgruppen dürfen sich nur durch das zu testende Merkmal unterscheiden

**Abb. 3.3** Vorgehen beim A-B-Test. (Darstellung mit freundlicher Genehmigung der Deutsche Post DHL Group)

terscheiden sich ausschließlich durch das zu testende Merkmal, beispielsweise eine optimierte Gestaltung.

Häufig ist es so, dass eine der beiden Gruppen die bisherige Standardkommunikation erhält, während die andere die zu testende veränderte Variante erhält. Man bezeichnet die Gruppen in diesem Fall auch als Kontrollgruppe bzw. Testgruppe.

Nach der Aufteilung erhalten die beiden Gruppen die jeweilige für sie vorgesehene Werbemittelvariante. Der Erfolg wird mit geeigneten KPIs verglichen, die der Zielsetzung des Werbemittels entsprechen. Die gemessenen Unterschiede sind dabei auf Signifikanz zu prüfen. Dies bedeutet auszuschließen, dass sie rein zufällig zustande gekommen sind.

Neben dem A-B-Test gibt es weitere Testdesigns. Zum einen lassen sich mehr als zwei Gruppen unterscheiden; dabei entsteht z. B. ein sog. **A-B-C-Test**. Hintergrund hierfür ist oft, dass die Verbesserung von Variante A zu Variante C in mehrere Einzelschritte zerlegt werden soll. Beispielsweise könnte in einem Werbebrief zunächst untersucht werden, welchen Effekt das Nennen einer konkreten Person im Absender hat und darauf aufbauend, was das Einfügen einer blauen Unterschrift dieser Kontaktperson bewirkt.

Oft sollen auch mehrere Verbesserungsvarianten gleichzeitig untersucht werden, die sich unabhängig voneinander realisieren lassen. In diesem Fall bietet es sich an, die Tests in einem **multivariaten Test** gleichzeitig durchzuführen. Dadurch dauert das Durchführen der Tests nicht so lange wie im Fall, dass man die Tests nacheinander durchführt. Es kann auf diese Weise beispielsweise eine unterschiedliche Ansprachetonalität, ein unterschiedliches Pricing und eine unterschiedliche farbliche Gestaltung getestet werden.

Wenn für jedes der drei Merkmale zwei Varianten untersucht werden, entstehen acht kombinierte Varianten. In dem in Abb. 3.4 dargestellten Fall, wo zwei der drei Merkmale auf drei Stufen untersucht werden, sind es sogar 18 Kombinationen. Sofern für jede Kom-

## Ein multivariates Testdesign betrachtet mehrere Kriterien zugleich

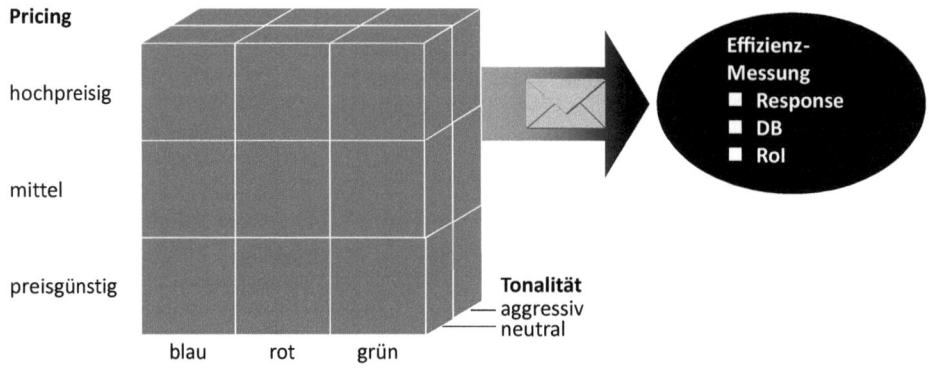

**Abb. 3.4** Multivariates Testdesign

bination eine zufällige Gruppe gleicher Fallzahl gebildet wird, kann dies im Ergebnis wie drei einfache A-B-Tests (bzw. A-B-C-Tests) ausgewertet werden: Man vergleicht, jeweils unabhängig von den beiden anderen Merkmalen, die Tonalitätsvarianten, die Pricing-Varianten und die farblichen Gestaltungen.

Bei mehr als drei Einflussfaktoren wird man nicht mehr alle Kombinationen realisieren können. In diesem Fall muss man ein komplexes Testdesign der Versuchsplanung anwenden, in dem nur ein Teil der Kombinationsmöglichkeiten umgesetzt wird. Auch die Auswertungsmethoden müssen dann an diese Situation angepasst werden. Eine Einführung in die Versuchsplanung findet sich z. B. bei Elser (2016) und Kleppmann (2020).

## 3.3 Von der Testidee zum Testdesign

Häufig liegen zunächst nur vage Ideen vor, an welchen Stellschrauben man drehen könnte, um die Effizienz der Kundenkommunikation zu verbessern. Diese Ideen können beispielsweise auf der Erfahrung von Experten beruhen, auf Erfolgen anderer Unternehmen oder auf qualitativen Untersuchungen wie Eye Trackings. Zudem sind frühere Kampagnen oft ein Fundus, der sich analysieren lässt, um hieraus Ideen für Verbesserungen zu entwickeln. So mag es sich aus der Analyse früherer Kampagnen abzeichnen, dass Kampagnen mit einer aggressiveren Tonalität in einer bestimmten Zielgruppe gut funktionieren. Einen derartigen Hinweis auf einen zielgruppenspezifischen Optimierungsansatz kann man dann in einem Test weiterverfolgen. Dieser Test prüft, ob sich diese Verbesserung auch dann einstellt, wenn man weitere störende Einflüsse ausschließt, die für den Kampagnenerfolg mitverantwortlich sein könnten. Beispielsweise könnten in den bisherigen Kampagnen aggressiverer Tonalität zugleich immer bestimmte Produkte beworben worden sein, die in der betreffenden Zielgruppe besonders gut ankommen. Derartige Störeinflüsse schließt man in dem Test aus, indem sich die beiden Gruppen A und B nur in der Tonalität des erhaltenen Werbemittels unterscheiden, die beworbenen Produkte aber identisch sind.

Der Weg von der Testidee zum Testdesign läuft in folgenden Schritten ab: Ausgehend von den vagen zu testenden Ideen sind die Hypothesen zu formulieren. Für diese Hypothesen ist dann ein geeignetes Testdesign zu entwickeln, mit dem sich diese Hypothesen prüfen lassen. Letzteres beinhaltet mehr als nur die Festlegung, welche strukturgleichen Testgruppen zu bilden sind. Entschieden werden muss insbesondere auch über die benötigten Fallzahlen, die konkrete Ausgestaltung der zum Einsatz kommenden Testmedien, den Testzeitraum sowie Art und Umfang der Erfolgsmessung.

**Beispiel 3.1 Testdesign für einen Multisensoriktest**

Ein Kreuzfahrtanbieter versendet Mailings an die Teilnehmer der Kreuzfahrten, die diese kurze Zeit nach dem Ende der Reise erhalten. In dem Mailing wird an die Reise erinnert und für die Buchung einer erneuten Kreuzfahrt geworben. Dabei kam die Idee auf, dass eine multisensorische Gestaltung des Mailings dessen Wirkung verbessern könnte.

Die kritische Würdigung des bislang eingesetzten Mailings vor dem Hintergrund der Dialogmethode (Vögele 2002) sprach zudem dafür, dass man das Mailing zunächst gestalterisch optimieren sollte, bevor man dann hierauf die multisensorischen Elemente aufsetzt. Hierbei handelte es sich beispielsweise um die Freistellung des Anbieterlogos, um die prägnantere Formulierung der Überschriften und eine den Blickverlauf fördernde Anordnung der Bilder. Die multisensorischen Ideen sollten dann ausgehend von der optimierten Gestaltung umgesetzt werden. Um einerseits die Effekte von Gestaltungsoptimierung und Multisensorik trennen zu können, andererseits einen Vergleich mit früheren Mailings zu ermöglichen, entschied man sich zu dem in Abb. 3.5 dargestellten A-B-C-Test: die Variante A entspricht dem Mailing in bisheriger Standardform, die Variante B dem gestaltungsoptimierten Standardmailing, während Variante C die Variante B zusätzlich um Multisensorikelemente ergänzt.

Es werden also drei Gruppen in den Test einbezogen, um zwei Hypothesen zu testen: Der Vergleich des Standardmailings mit dem gestalterisch optimierten zeigt auf, wie groß der Effekt der Gestaltungsoptimierung ist. Man testet hiermit also die erste Hypothese, dass eine optimierte Gestaltung die Wirkung des Mailings verbessert. Der Vergleich des gestalterisch optimierten Mailings mit einem weiteren, das zusätzlich multisensorische Elemente nutzt, prüft dann die Hypothese, dass der Multisensorikeinsatz die Mailingeffizienz verbessert.

Dabei muss natürlich konkret entschieden werden, welche gestalterischen Veränderungen man gegenüber dem Standardmailing vornehmen möchte und in welcher Weise

## Von der Testidee zum Testdesign (1)

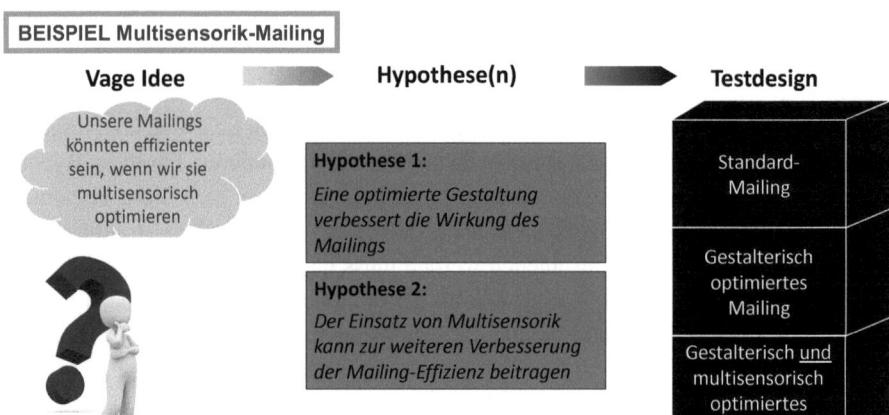

**Abb. 3.5** A-B-C-Testdesign im Multisensoriktest. (Darstellung mit freundlicher Genehmigung der Deutsche Post DHL Group)

die Multisensorik zum Einsatz kommen soll. Erst durch diese Konkretisierung entsteht ein Testdesign, mit dem sich die im Raum stehenden Hypothesen prüfen lassen.

Bezüglich der Zielgröße ist hier festzuhalten, dass sich die ersten beiden Varianten kostenmäßig nicht unterscheiden (sieht man von dem einmaligen Aufwand zur Optimierung der Gestaltung ab). Hier genügt also der Vergleich der Responsequoten, wenn man davon ausgeht, dass sich die verbesserte Gestaltung nur auf die Buchungswahrscheinlichkeit, nicht aber auf die Werte der gebuchten Reisen auswirkt. Die dritte Variante hingegen führt auch zu höheren Kosten pro versendetem Mailing. Hier sollten also die Deckungsbeiträge der eingesetzten Mailings verglichen werden. ◄

In diesem Beispiel wurden also drei mögliche Varianten realisiert, um die einzelnen Effekte der Optimierungsansätze getrennt voneinander messen zu können. Verzichtet wurde hingegen auf die Variante, die Multisensorik ohne Gestaltungsoptimierung einzusetzen. Denn dies hätte bedeutet, den zweiten Schritt vor dem ersten zu tun. Dass es unter Umständen auch sinnvoll sein kann, auf die Auftrennung einzelner Effekte zu verzichten und nur einen Gesamteffekt zu messen, zeigt das folgende Beispiel.

### Beispiel 3.2 Testdesign eines Adressierungstests

Eine Sparkasse versendet Neukundenmailings teiladressiert, was mit den geringeren Portokosten des teiladressierten Versands begründet wurde. In einem Test sollte herausgefunden werden, ob diese Versandform tatsächlich die effizientere ist. Schnell wurde klar, dass es aber nicht damit getan sein kann, in dem Mailing die teiladressierte Adresse

("An die Bewohner der Hauptstraße 14, 12345 Musterstadt") durch eine vollständige Adresse zu ersetzen ("Max Mustermann. Hauptstraße 14, 12345 Musterstadt").

Mit der jeweiligen Adressierungsform sind jeweils spezifische Adressmengen verbunden, die erreicht werden können. So lassen sich teiladressiert Werbeverweigerer nicht erreichen; dafür können in Mehrfamilienhäusern immer nur komplette Gebäude selektiert werden. Die adressierte Versandform hingegen bedingt die namentliche Verfügbarkeit der Adresse in einer geeigneten Datenbank. Ein reiner Adressierungstest würde sich hier auf die Adressen beschränken, die mit beiden Mailingtypen erreichbar sind, um zu messen, welchen Effekt die geänderte Adressierungsform auf die Responsewahrscheinlichkeit dieser Kunden hat. Dieser reine Adressierungseffekt würde insbesondere bei bis auf die Adressierung identischem Werbemittel bestimmt.

Die Bestimmung dieses reinen Adressierungseffekts ist allerdings wenig zielführend. Letztlich müssen die effektiv adressierbaren Zielgruppen verglichen werden, wobei dann auch „zufällig mitangeschriebene" der teiladressierten Variante mitzählen. Zudem haben sich mit den Adressierungstypen auch bestimmte Gestaltungsformen etabliert. Vor diesem Hintergrund versendet man das teiladressierte Mailing üblicherweise als Selfmailer, während für die adressierte Variante eher der klassische Werbebrief in Frage kommt. Der teiladressierte Werbebrief und der volladressierte Selfmailer hingegen erschienen als Gestaltungskombination unzweckmäßig. Auch die Selektionsmethoden zur Ermittlung der jeweils vielversprechendsten Adressauswahl sind für adressierte und teiladressierte Adressen unterschiedlich.

Angesichts dieser Punkte wurde der Test als einfacher A-B-Test umgesetzt. Abb. 3.6 zeigt, dass damit zwei in sich stimmige Konzepte gegenübergestellt wurden, wobei für

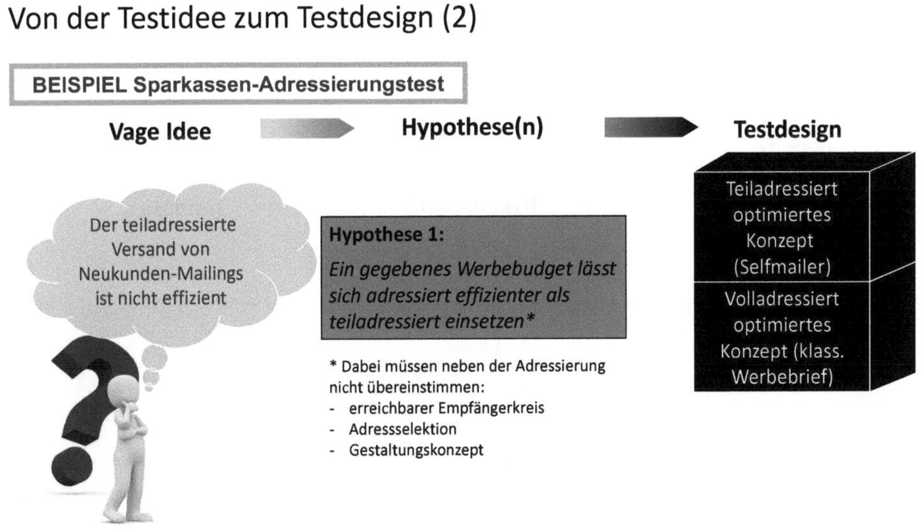

## Von der Testidee zum Testdesign (2)

**BEISPIEL Sparkassen-Adressierungstest**

Vage Idee ➡ Hypothese(n) ➡ Testdesign

Der teiladressierte Versand von Neukunden-Mailings ist nicht effizient

**Hypothese 1:**
*Ein gegebenes Werbebudget lässt sich adressiert effizienter als teiladressiert einsetzen\**

\* Dabei müssen neben der Adressierung nicht übereinstimmen:
- erreichbarer Empfängerkreis
- Adressselektion
- Gestaltungskonzept

Teiladressiert optimiertes Konzept (Selfmailer)

Volladressiert optimiertes Konzept (klass. Werbebrief)

**Abb. 3.6** A-B-Testdesign im Adressierungstest

beide Formen ein festes Budget zur Verfügung stand. Das teiladressierte Mailing wurde dabei als Selfmailer auf Basis einer teiladressierten Adresselektion versendet; das volladressierte als klassischer Werbebrief auf Basis einer volladressierten Adressselektion. Dieser Test verzichtet darauf, die Effekte von Mailingform, Adressierung und Adressselektion auseinanderzurechnen und zu diesem Zweck auch von vornherein unsinnig erscheinende Kombinationen ins Rennen zu schicken. Am Ende erlaubt er nur die Entscheidung, welches der beiden Gesamtkonzepte zu einem effizienteren Einsatz des vorgegebenen Budgets führt. ◄

Das folgende Beispiel nimmt noch mal Bezug auf den zu Beginn des Kapitels dargestellten Kreislauf des permanenten Testens. Es zeigt anhand der Neukundengewinnung einer Tageszeitung, wie der Prozess von der Ideengenerierung über die Durchführung mehrerer aufeinander aufbauender Tests aussehen kann.

**Beispiel 3.3 Mehrstufiges Testdesign zur Optimierung der Neukundenansprache**

Die Neukundengewinnung einer deutschen Tageszeitung erfolgte in deren Verbreitungsgebiet überwiegend mit adressierten Werbebriefen, wobei der Werbeerfolg dieser Kampagnen immer weiter nachließ. Um hierauf zu reagieren, hat der Vertrieb dieser Zeitung im Rahmen eines Workshops Ideen zusammengetragen, wie sich die Neukundenansprache effektiver gestalten lassen könnte. Dabei kamen einige Ideen zusammen; die wichtigsten davon sind in Abb. 3.7 links dargestellt.

Im nächsten Schritt wählte das Vertriebsmanagement nun drei dieser Ideen aus und formulierte dazu konkrete Hypothesen:

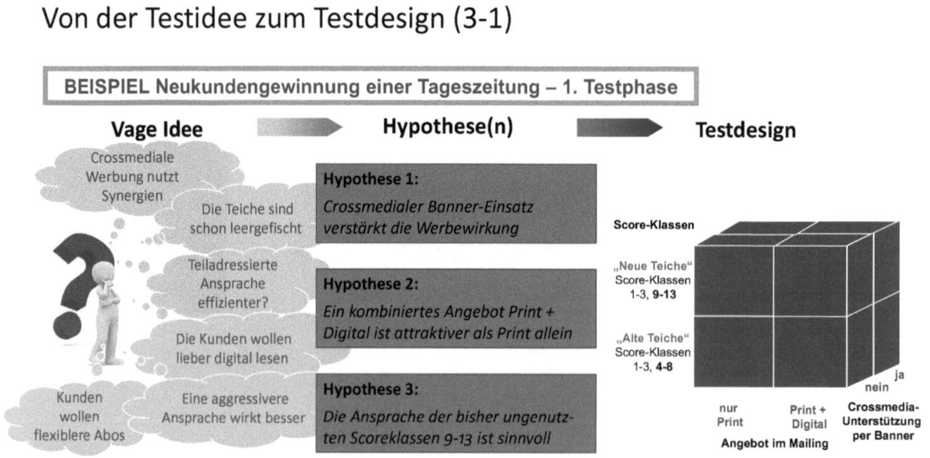

**Abb. 3.7** Testdesign zur Optimierung der Neukundengewinnung, 1. Testphase

## 3.3 Von der Testidee zum Testdesign

- Die erste Hypothese unterstellt, dass sich durch eine crossmediale Unterstützung der Werbebriefe mittels Online-Bannerwerbung deren Wirkung verbessern lässt.
- Die zweite Hypothese setzt am Angebot an und geht davon aus, dass das reine Print-Abo nicht mehr zeitgemäß ist und sich mit dem Angebot eines kombinierten Abo von Print- und Digitalausgabe der Zeitung mehr Abonnenten gewinnen lassen.
- Die dritte Hypothese basiert auf der Annahme, dass wiederholtes Werben bei denselben Adressaten mit der Zeit dazu führen muss, dass der Werbeerfolg nachlässt, da viele potenziell Interessierte bereits Kunde geworden sind. Obwohl die Adressen nach ihrer geschätzten Produktaffinität für das Produkt Tageszeitung in Scoreklassen sortiert sind, sollte man nicht immer dieselben Scoreklassen 1–8 bewerben. Stattdessen bietet es sich an, statt der Scoreklassen 4–8 die schwächer eingeschätzten Scoreklassen 9–13 anzuschreiben, die bislang noch gar nicht kontaktiert wurden. Die bislang noch gut reagierenden Scoreklassen 1–3 hingegen galten als „gesetzt" und wurden in jedem Fall beworben.

Auf Basis dieser drei Hypothesen wurden insgesamt acht Testgruppen gebildet, sodass die beiden Ausprägungen aller drei Einflussgrößen kombiniert werden konnten. Nach Durchführung der Testaussendungen und der Responseauswertung ergab sich, dass die erste und dritte Hypothese bestätigt werden konnten, die zweite jedoch nicht.

Auf diesen Ergebnissen aufbauend hat man einen erneuten Workshop abgehalten, um die Möglichkeiten weiterer Verbesserungen zu diskutieren. Bei der Nutzung der Scoreklassen war nun zu überlegen, wie man das Konzept, nicht immer dieselben Scoreklassen anzuschreiben, dauerhaft umsetzen konnte, ohne dass wieder der Effekt der wiederholten Bewerbung derselben Adressen auftrat. Es war also eine Regel erforderlich, die Scoreklassen immer wieder auszutauschen (d. h. zu rotieren). Die crossmediale Unterstützung hatte so überzeugt, dass diese für die zukünftige Neukundenansprache stets zum Einsatz kommen sollte. Die Idee eines digitalen Abo-Angebots weiterzuverfolgen, wurde hingegen verworfen, obwohl das Scheitern im Test möglicherweise nur an einer unvorteilhaften Umsetzung gelegen haben könnte. Stattdessen sollten nun weitere der ursprünglich zusammengetragenen Ideen zum Einsatz kommen. Damit wurden in der zweiten Testphase folgende Hypothesen betrachtet:

- Hypothese 1 unterstellt, dass bei der Landingpage, auf die die Werbebriefe verweisen, eine aggressivere Tonalität der Texte die Adressaten eher zum Abschluss eines Abos bewegt.
- Hypothese 2 geht davon aus, dass mehr Flexibilität beim Abo eine wesentliche Barriere beseitigt, die viele Kunden bisher von einem Abo-Abschluss abhält.
- Hypothese 3 postuliert, dass – abgesehen von den besten Scoreklassen 1–3 – die Scoreklassen nach einem bestimmten Schema rotiert werden sollten, um ein „Überfischen der Teiche" zu vermeiden.

## Von der Testidee zum Testdesign (3-2)

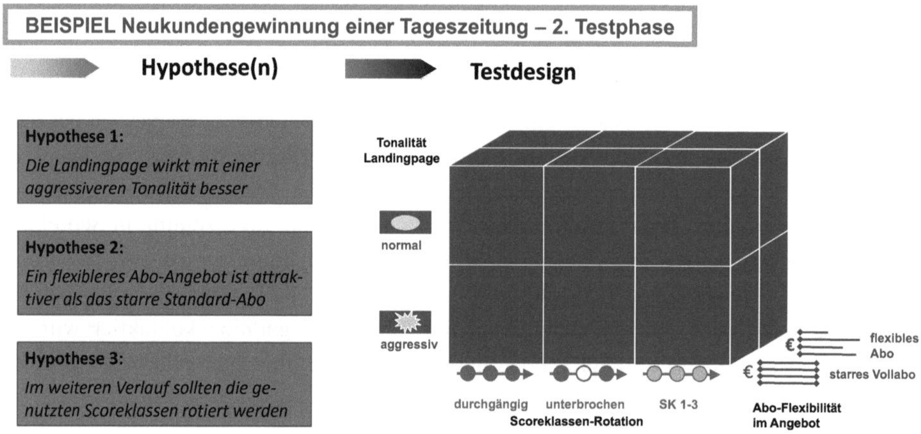

**BEISPIEL Neukundengewinnung einer Tageszeitung – 2. Testphase**

➤ **Hypothese(n)** ➤ **Testdesign**

**Hypothese 1:**
Die Landingpage wirkt mit einer aggressiveren Tonalität besser

**Hypothese 2:**
Ein flexibleres Abo-Angebot ist attraktiver als das starre Standard-Abo

**Hypothese 3:**
Im weiteren Verlauf sollten die genutzten Scoreklassen rotiert werden

Tonalität Landingpage: normal, aggressiv
Scoreklassen-Rotation: durchgängig, unterbrochen, SK 1-3
Abo-Flexibilität im Angebot: flexibles Abo, starres Vollabo

**Abb. 3.8** Testdesign zur Optimierung der Neukundengewinnung, 2. Testphase

Wie Abb. 3.8 zeigt, wurden nun insgesamt 12 Testgruppen gebildet, da bei der Rotation nun drei Gruppen gebildet werden mussten: Einerseits die außer Konkurrenz laufenden Scoreklassen 1–3, andererseits die Scoreklassen 4–13, bei denen die eine Gruppe genauso selektiert wurde wie beim ersten Testlauf (also keine Rotation), die andere Gruppe hingegen einer Rotation der beworbenen Scoreklassen unterzogen wurde.

Insgesamt ist dem Tageszeitungsverlag damit der Einstieg in ein selbstlernendes System des permanenten Testens gelungen, mit dem die Neukundengewinnung immer weiter optimiert werden kann. In einem nächsten Schritt könnte es sich anbieten, das Rotationssystem weiterzuverfolgen, die noch nicht angegangene Idee der Teiladressierung anzugehen oder die Hypothese des Digital-Abos in einer abgewandelten Form wieder aufzugreifen. Auch die Suche nach völlig neuen Optimierungsideen ist an diesem Punkt u. U. angezeigt. ◄

Bei der Durchführung der Tests ist stets abzuwägen, ob man die Verbesserung des Status quo mit großen oder kleinen Schritten erreichen möchte. Dieses Dilemma zeigt Abb. 3.9 in einer schematischen Darstellung. Man kann einerseits mit kleinen Schritten ein lokales Maximum zu erreichen versuchen – die Annäherung an das globale Maximum erfordert aber oft einen großen Schritt in die richtige Richtung, da es mit kleinen Schritten zunächst bergab gehen würde. Die Situation ist ähnlich wie bei einer Wanderung im Nebel, da man eben keinen vollständigen Blick auf das Geländeprofil hat, sondern bestenfalls einigermaßen belastbare Hypothesen, in welcher Richtung sich ein höherer Gipfel befindet.

## Kleine Optimierungsschritte führen oft nicht zum Optimum

ILLUSTRATIV

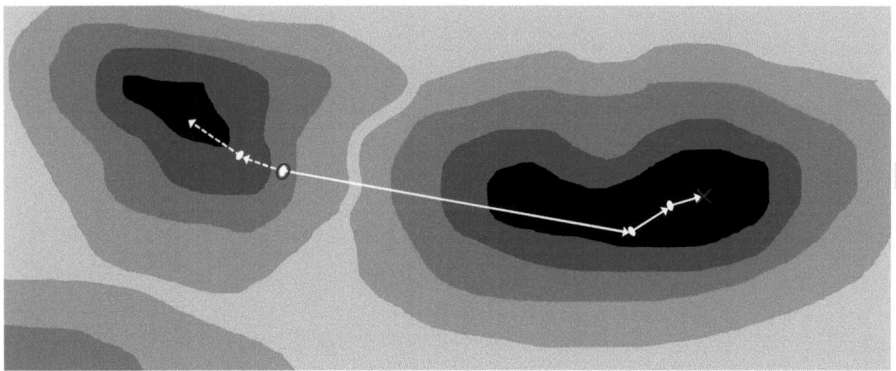

**Abb. 3.9** Große vs. kleine Optimierungsschritte

Hat man also die Vermutung, dass das Ansprachekonzept möglicherweise weitreichend geändert werden sollte, ist es nicht sinnvoll, sich dem in kleinen Schritten zu nähern. Dies würde einerseits viel zu lange dauern, andererseits ist damit zu rechnen, dass man Varianten durchlaufen würde, die in sich nicht mehr stimmig sind; beispielsweise weil die Tonalität der Sprache und das Layout bereits geändert wurden, die Bildwelt und die zu bewerbenden Produkte hieran aber noch nicht angepasst wurden. In diesem Fall ist damit zu rechnen, dass diese in sich unstimmige Übergangsvariante schlechter abschneidet als die Ausgangsfassung – und hierfür braucht man dann auch keinen Test.

Damit das Risiko, sich mit einem großen Schritt in die falsche Richtung zu bewegen, nicht zu groß ausfällt, sollte man dem Prozess der Hypothesengenerierung genügend Aufmerksamkeit widmen. Hierbei spielen eine sorgfältige Analyse der bisherigen Daten, aber auch Kreativität und externer wie interner Dialogmarketingsachverstand eine wichtige Rolle, um die richtigen Ideen zu bekommen und hieraus testbare Hypothesen zu entwickeln.

# 4 A-B-Tests durchführen und interpretieren

## 4.1 Fehlerrisiken beim Testen

Ein A-B-Test vergleicht zwei Empfängergruppen auf Basis einer relevanten Kenngröße. Diese soll sich aus der Zielsetzung des untersuchten Werbemediums ergeben. Die beiden Empfängergruppen werden zufällig ausgewählt und unterscheiden sich nur durch die unterschiedliche Ausprägung des zu testenden Einflussmerkmals. Der Test soll dabei Aufschluss darüber geben, ob es zwischen den beiden untersuchten Varianten einen Unterschied gibt oder nicht.

Allerdings basieren die ausgewählten Empfängergruppen und damit auch das Testergebnis auf Zufallsstichproben. Daher unterliegen sie zufälligen Fehlern, die durch die zufällige Auswahl der Empfängergruppen bedingt sind. Die Möglichkeiten für richtige und falsche Entscheidungen vor diesem Hintergrund zeigt Abb. 4.1. Im Ergebnis sind daher zwei verschiedene Fehlentscheidungen möglich:

- **Fehler 1. Art:** Einerseits kann der Test einen Unterschied zwischen den beiden Varianten signalisieren, obwohl dies tatsächlich gar nicht der Fall ist; in diesem Fall spricht man vom Fehler 1. Art.
- **Fehler 2. Art:** Andererseits kann der Test anzeigen, dass keine Unterschiede vorliegen, obwohl diese tatsächlich vorhanden sind; dies ist der sogenannte Fehler 2. Art.

Mit beiden Fehlern wird allerdings nicht in gleicher Weise umgegangen. Denn die Entscheidung, dass Unterschiede bestehen, ist die schwerwiegendere. In diesem Fall wird das

---

**Elektronisches Zusatzmaterial** Die elektronische Version dieses Kapitels enthält Zusatzmaterial, das berechtigten Benutzern zur Verfügung steht https://doi.org/10.1007/978-3-658-31334-0_4. Die Videos lassen sich mit Hilfe der SN More Media App abspielen, wenn Sie die gekennzeichneten Abbildungen mit der App scannen.

© Der/die Herausgeber bzw. der/die Autor(en), exklusiv lizenziert durch Springer Fachmedien Wiesbaden GmbH, ein Teil von Springer Nature 2020
P. Lorscheid, *Testen im Dialogmarketing*,
https://doi.org/10.1007/978-3-658-31334-0_4

## Signifikanztests basieren auf Stichproben und sind daher nicht fehlerfrei

|  |  | Testentscheidung | |
|---|---|---|---|
|  |  | Unterschied vorhanden (Signifikanz) | Kein signifikanter Unterschied vorhanden |
| Tatsächliche Verhältnisse | Unterschied vorhanden | Entscheidung korrekt | Fehlentscheidung (Fehler 2. Art) |
|  | Kein Unterschied vorhanden | Fehlentscheidung (Fehler 1. Art) | Entscheidung korrekt |

**Abb. 4.1** Richtige und falsche Entscheidungen beim Testen. (Darstellung mit freundlicher Genehmigung der Deutsche Post DHL Group)

## Nur die Entscheidung für signifikante Unterschiede hat ein kontrolliertes Fehlerrisiko

| Tatsächliche Verhältnisse | Testentscheidung: Unterschied vorhanden (Signifikanz) |
|---|---|
| Unterschied vorhanden | Entscheidung korrekt |
| Kein Unterschied vorhanden | Fehlentscheidung 1. Art Wahrscheinlichkeit <5 % |

**Grundsätze der Testentscheidung**

- Statistische Tests **kontrollieren nur eine** der Möglichkeiten für **Fehlentscheidungen**
- **Kontrolle** des Fehlerrisikos der Entscheidung für **den nachzuweisenden Effekt** (also für unterschiedliche Werbewirkung)
- **Signifikantes Testergebnis** ist **statistisch gesichert** (mit verbleibendem Fehlerrisiko)
- Bei **fehlender Signifikanz** können dennoch Unterschiede vorhanden sein!

**Abb. 4.2** Kontrolle des Fehlers 1. Art

Ergebnis des Tests dauerhaft als gegeben unterstellt – die unterlegene Variante wird verworfen.

Wie in Abb. 4.2 dargestellt, wird daher das Risiko begrenzt, dass eine für vorhandene Unterschiede getroffene Entscheidung eine Fehlentscheidung war. Dieses Risiko des Fehlers 1. Art soll üblicherweise nicht mehr als 5 % betragen. Die Testprozedur signalisiert also erst dann „signifikante" Unterschiede, wenn die in den beiden Stichproben gemessenen Kenngrößen sich so stark unterscheiden, dass die Möglichkeit, dass dies rein zufällig zu Stande gekommen ist, mit sehr großer Wahrscheinlichkeit ausgeschlossen werden kann.

Fällt keine Testentscheidung zugunsten vorhandener Unterschiede, so ist das Risiko, dass diese Entscheidung falsch war, im Allgemeinen nicht kontrolliert. Tatsächlich können

## 4.1 Fehlerrisiken beim Testen

also durchaus Unterschiede vorhanden sein – in diesem Fall läge ein Fehler 2. Art vor. Man kann nur sagen, dass keine signifikanten Unterschiede feststellbar waren. Die Hypothese, dass Unterschiede zwischen den Gruppen bestehen, konnte nicht bestätigt werden – man steht damit vor der Entscheidung, ob man diese Hypothese weiterverfolgen möchte – ggf. mit einem veränderten konkreten Testdesign.

Man beachte den im Vergleich zur Statistikliteratur (z. B. Degen und Lorscheid 2012, S. 214 f.) hier abweichenden Gebrauch des Begriffes „Hypothese". Dort bezeichnet der Begriff der „(Null-)Hypothese" die Situation, dass es keinen Unterschied gibt, während die Unterschiedssituation mit „Alternative" bzw. „Alternativhypothese" belegt ist. Beim Testen im Dialogmarketing hingegen bezieht sich die Hypothese auf den Fall vorliegender Unterschiede, da ja gerade dieser Fall aus der Testidee als Konkretisierung entwickelt wird. Abweichend ist hier aber nur die Bezeichnungsweise; in jedem Fall kann immer nur die Entscheidung für das Vorliegen von Unterschieden als statistisch gesicherte Entscheidung gelten.

**Beispiel 4.1 Mögliche Testergebnisse bei einem Anteilstest**

Betrachtet wird ein Medium, das in der 100.000 Personen umfassenden Zielgruppe in der ursprünglichen Version eine Responsequote von 7,5 % erreicht. Geht man zunächst davon aus, dass durch die ins Auge gefasste Veränderung eine Verbesserung um einen Prozentpunkt erreicht wird, so liegt die Responsequote in der Grundgesamtheit der 100.000 Personen in der verbesserten Variante bei 8,5 %. Zieht man dann Stichproben in Test- und Kontrollgruppe von jeweils 2500 Testempfängern, so ergeben sich je nach Zufallsrealisation verschiedene Stichprobenergebnisse. Drei mögliche Resultate sind in Abb. 4.3 dargestellt. Man sieht, dass hier nur eines der drei Beispielresultate zu ei-

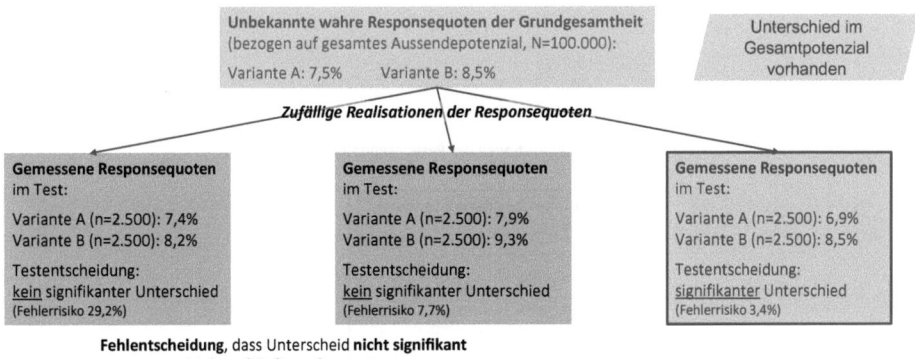

**Abb. 4.3** Zufall und Testentscheidung bei tatsächlich vorhandenen Unterschieden

nem signifikanten Testergebnis führt, während in den beiden anderen Fällen die gemessenen Unterschiede zu gering ausfallen, um das Fehlerrisiko auf 5 % zu begrenzen. Die Wahrscheinlichkeit, dass dies passiert, ist unter Umständen sehr groß – hier ist es immerhin bei zwei von drei Beispielergebnissen der Fall.

Geht man umgekehrt davon aus, dass tatsächlich in der Grundgesamtheit keine Verbesserung erreicht wird, so liegt die erwartete Responsequote für beide Varianten bei 7,5 %. Für diese Situation sind – ebenfalls mit Stichprobenumfängen von jeweils 2500 Empfängern – in Abb. 4.4 drei mögliche Testergebnisse dargestellt. Hier führt eines der drei dargestellten Resultate zu einem signifikanten Ergebnis, das auf tatsächlich vorhandene Unterschiede der Responsequote beider Ergebnisse schließen lässt. Hierbei handelt es sich um einen Fehler 1. Art, eine derartige Konstellation soll nur sehr selten vorkommen. Hier ist es zwar bei einem der drei Beispielergebnisse der Fall, die Wahrscheinlichkeit hierfür liegt jedoch nur bei 5 %. ◀

Auch wenn damit der Fehler 1. Art, meist mit einer Irrtumswahrscheinlichkeit von 5 %, im Vordergrund steht, sollte man den Fehler 2. Art nicht aus den Augen verlieren. Denn unglücklich ist auch folgende Situation: Es bestehen tatsächlich relevante Unterschiede zwischen den beiden untersuchten Varianten (die aus der Testidee entwickelte Hypothese ist also richtig), der durchgeführte Test kommt aber nicht zu einem signifikanten Ergebnis. Um derartige Situationen möglichst zu vermeiden, sollte man darauf achten, ausreichend große Stichproben zu verwenden.

Wie Abb. 4.5 zeigt, gibt es neben der Wahrscheinlichkeit für den Fehler 1. Art (die üblicherweise 5 % beträgt) zwei Einflussfaktoren für den Fehler 2. Art:

- **Tatsächliche Abweichung:** Je größer der tatsächliche Unterschied zwischen den betrachteten Varianten ist, desto wahrscheinlicher führen die Stichprobendaten zu einer

## Ohne tatsächliche Unterschiede kommt es nur selten zu Signifikanz – signifikante Ergebnisse sind daher statistisch gesichert

Zufall und Testentscheidung (2/2)

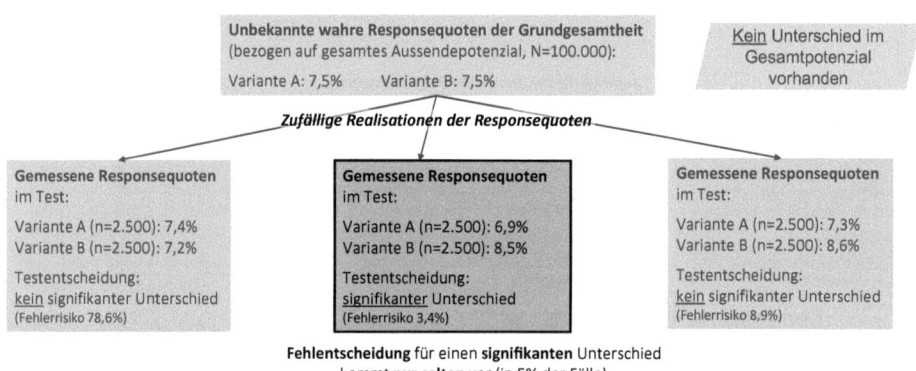

**Abb. 4.4** Zufall und Testentscheidung ohne tatsächlich vorhandene Unterschiede

## Das Fehlerrisiko 2. Art hängt vom tatsächlichen Unterschied und vom Stichprobenumfang ab

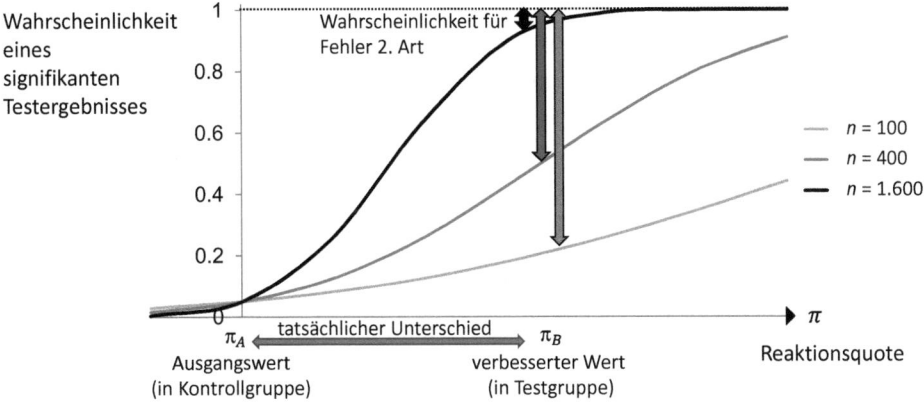

**Abb. 4.5** Einflüsse auf den Fehler 2. Art

signifikanten Testentscheidung. Liegt z. B. die Reaktionsquote für das Ausgangsmedium wie im letzten Beispiel bei 7,5 %, so wird eine Verdopplung im Testmedium auf 15 % häufiger zu einem signifikanten Resultat des Tests führen als eine Steigerung auf lediglich 8,5 %.

- **Stichprobenumfang:** Bei gegebenem Unterschied zwischen den beiden Varianten kommt es auf die Stichprobenumfänge an. Je größer diese sind, desto seltener kommt es zu der Situation, dass der vorhandene Unterschied in den Stichproben nicht zu einem signifikanten Testergebnis führt.

Man sollte daher bei der Konkretisierung der Testhypothesen auch eine Vorstellung darüber entwickeln, welche Größenordnung einer Verbesserung realistisch erreicht werden kann. Geht man beispielsweise davon aus, dass die betrachtete Verbesserung so gut wirkt, dass sie zu einer Verdopplung der Reaktionsquote von 7,5 % auf 15 % führt, so kann man die Wahrscheinlichkeit für den Fehler 2. Art in Abhängigkeit von den Stichprobenumfängen ausrechnen. Macht man hier eine Vorgabe von z. B. maximal 10 % Fehlerrisiko 2. Art – d. h. der vorhandene Unterschied der Reaktionsquoten wird mit 90 %iger Sicherheit entdeckt – so lässt sich der hierfür erforderliche Stichprobenumfang in Test- und Kontrollgruppe ausrechnen. Die hierfür erforderlichen Methoden werden in Abschn. 4.2.3 und 4.3.3 beschrieben. Dieser Stichprobenumfang fällt umso größer aus, je geringer die unterstellten Unterschiede zwischen Test- und Kontrollgruppe ausfallen. Steigt die Reaktionsquote nur auf 8,5 % statt auf 15 %, so sind deutlich größere Stichprobenumfänge erforderlich, um einen Fehler 2. Art mit derselben Sicherheit auszuschließen.

## 4.2 A-B-Tests für Anteile

### 4.2.1 Durchführung des Anteilstests

Wie bereits erwähnt, muss der Test zum Vergleich eine Kenngröße heranziehen, die der Zielsetzung des untersuchten Werbemediums entspricht. In Abschn. 2.2 bzw. 2.3 wurden absolute bzw. relative KPIs betrachtet. Abb. 4.6 unterscheidet diese Kenngrößen – hier in der Variante für digitale Medien – nun danach, ob es sich um einfache Anteilswerte handelt oder nicht.

Nur bei den absoluten KPIs, die in Abb. 4.6 oben links dargestellt sind, handelt es sich um einfache Anteilswerte oder Quoten: Clickraten, Responsequoten und Bestell- bzw. Kaufquoten. Diese können mit einem einfachen A-B-Test für Anteile verglichen werden. Diese Quoten beziehen keine Kostenaspekte zum Vergleich der beiden Varianten A und B heran, sind also letztlich nur einsetzbar, wenn sich die betrachteten Alternativen kostenmäßig nicht unterscheiden oder wenn Kostenunterschiede für die Variantenentscheidung unerheblich sein sollten.

In allen anderen Fällen – in der Abb. 4.6 grau dargestellt – handelt es sich nicht um Quoten: Hier muss der in Abschn. 4.3 dargestellte A-B-Test für Mittelwerte herangezogen werden.

Der Anteilswerttest hat die Aufgabe, für die beiden zu testenden Varianten die Anteile $\pi_A$ und $\pi_B$ zu vergleichen. Dabei wird im Weiteren unterstellt, dass der Test zweiseitig durchgeführt wird, obwohl es das primäre Ziel des Tests ist nachzuweisen, dass der Anteil $\pi_B$ der Testvariante größer ist als derjenige der Kontrollvariante $\pi_A$. Wie bei Degen und Lorscheid (2012, S. 239) ausführlicher beschrieben, erfolgt die Testentscheidung auf Ba-

**Anteilstests sind nur für einfache Prozentvergleiche geeignet**

**Anwendungsbereich von Anteilstests im Dialogmarketing**

| Absolute KPIs | Relative KPIs | Anwendung von: |
|---|---|---|
| • Click-Rate zur Landingpage | • Cost per Click (CpC) | • Anteilstest |
| • Click-Through-Rate zum Webshop | • Cost per Response (CpR) | • Mittelwerttest |
| • Response-/Einlösequote | • Cost per Interest (CpI) | |
| • Kauf-/Bestellquote | • Cost per Order (CpO) | |
| • Umsatz pro Adresse/ Impression/User | • Kosten-Umsatz-Relation (KUR) | |
| • Rohertrag pro Adresse/ Impression/User | • Return on Invest (RoI) | |
| • Deckungsbeitrag pro Adresse/ Impression/User | • Mittelfristiger RoI | |
| • Veränderung Kundenwert je Adresse/ Impression/User | | |

KAUFPROZESS

Mit freundlicher Genehmigung der Deutsche Post AG

**Abb. 4.6** Einsatzbereich des Anteilstests im Dialogmarketing. (Darstellung mit freundlicher Genehmigung der Deutsche Post DHL Group)

## 4.2 A-B-Tests für Anteile

sis der Stichprobenanteilswerte $P_A$ und $P_B$, denen die Stichprobenumfänge $n_A$ und $n_B$ zugrunde liegen. Zur Entscheidung über die Hypothese errechnet man die Testfunktion

$$V = \frac{P_B - P_A}{\sqrt{P \cdot (1-P) \cdot \left(\frac{1}{n_A} + \frac{1}{n_B}\right)}} \text{ mit } P = \frac{n_A P_A + n_B P_B}{n_A + n_B}. \tag{4.1}$$

Zweckmäßigerweise verwendet man für diesen Test identische Stichprobenumfänge $n_A = n_B = n$. In diesem Fall vereinfacht sich Gl. 4.1 zu

$$V = \sqrt{n} \frac{P_B - P_A}{\sqrt{2 \cdot P \cdot (1-P)}} \text{ mit } P = \frac{P_A + P_B}{2}. \tag{4.2}$$

Gibt es zwischen beiden Gruppen keine Unterschiede (d. h. bei gleichen Anteilen $\pi_A$ und $\pi_B$) wäre die obige Testfunktion $V$ näherungsweise standardnormalverteilt, siehe Abb. 4.7. Die Standardnormalverteilung ist eine „glockenförmige" Verteilung mit dem Erwartungswert 0 und Streuung 1, vgl. z. B. Degen und Lorscheid (2012, S. 151). Das Risiko, dass eine Entscheidung für die Aussage, dass die Testvariante gegenüber der Kontrollvariante eine Verbesserung darstellt (also $\pi_B > \pi_A$ ist) eine Fehlentscheidung ist, beträgt näherungsweise

$$\alpha = 2 \cdot (1 - \Phi(V)), \tag{4.3}$$

dabei ist $\Phi(V)$ der Verteilungsfunktionswert der Standardnormalverteilung für den Testfunktionswert $V$. Eine Tabelle zur Verteilungsfunktion der Standardnormalverteilung findet sich z. B. bei Degen und Lorscheid (2012, S. 268). Für einen berechneten Testfunk-

### Schlussfolgerungen in Abhängigkeit vom Testfunktionswert

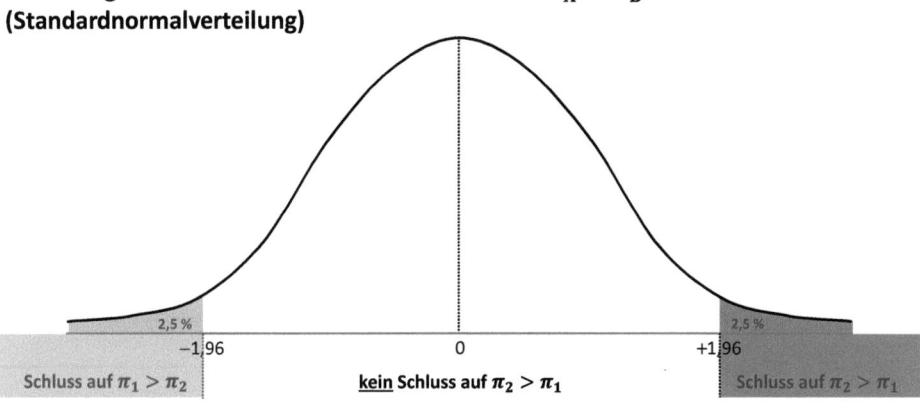

**Abb. 4.7** Verteilung der Testfunktion bei fehlenden Unterschieden

tionswert von $V = 1{,}96$ beispielsweise ergibt sich ein Fehlentscheidungsrisiko von $2 \cdot (1 - 0{,}975) = 0{,}05$, d. h. in diesem Fall wäre dieses Risiko gerade noch akzeptabel, wenn als maximal erlaubte Wahrscheinlichkeit für den Fehler 1. Art $\alpha = 0{,}05$ angesetzt werden. Bei größeren Testfunktionswerten ist das Risiko entsprechend kleiner, der Schluss auf $\pi_B > \pi_A$ also erst recht möglich, während bei kleineren Testfunktionswerten das Risiko einer Fehlentscheidung als zu groß angesehen werden müsste. Ein negativer Testfunktionswert unterhalb von $-1{,}96$ ist prinzipiell ebenfalls denkbar; in diesem Fall würde der Schluss allerdings dahin gehen, dass der Anteil $\pi_B$ der Testversion signifikant kleiner als $\pi_A$ ist – die Testvariante mithin keine Verbesserung darstellt.

Zur Durchführung des Tests kann das in den Begleitmaterialien bereitgestellte Excel-Tool „A-B-Tests.xlsx" verwendet werden. Dazu sind – wie in Abb. 4.8 dargestellt – lediglich die beiden Stichprobenumfänge $n_A$ und $n_B$ sowie die beiden in den Stichproben realisierten Anteilswerte $P_A$ und $P_B$ (z. B. Responsequoten) einzugeben. Als Ergebnis wird neben dem Testfunktionswert $V$ das Fehlerrisiko in Prozent angegeben, das man eingehen muss, wenn man sich für die Aussage $\pi_B > \pi_A$ entscheidet, d. h. dafür, dass die Testvariante gegenüber der Kontrollvariante eine Verbesserung darstellt. Dieses ist dann mit der Vorgabe für das maximal tolerierbare Fehlerrisiko von üblicherweise 5 % zu vergleichen. Zusätzlich ist darauf zu achten, dass der gemessene Unterschied zwischen den Anteilen in den beiden Stichproben in die richtige Richtung weist, d. h. der Testfunktionswert positiv ist.

> **Beispiel 4.2 Anteilstest für drei Mailingvarianten**
>
> In dem Multisensoriktest des Beispiels 3.1 geht man erfahrungsgemäß davon aus, dass das Standardmailing eine Kaufquote von 5 % erreicht. Für die Gestaltungsoptimierung wird mit einer Verbesserung der Kaufquote um 20 % (auf dann 6 %) gerechnet, durch

## Testdurchführung beim Anteilstest

### Durchführung mit Excel-Tool „A-B-Test.xlsx"

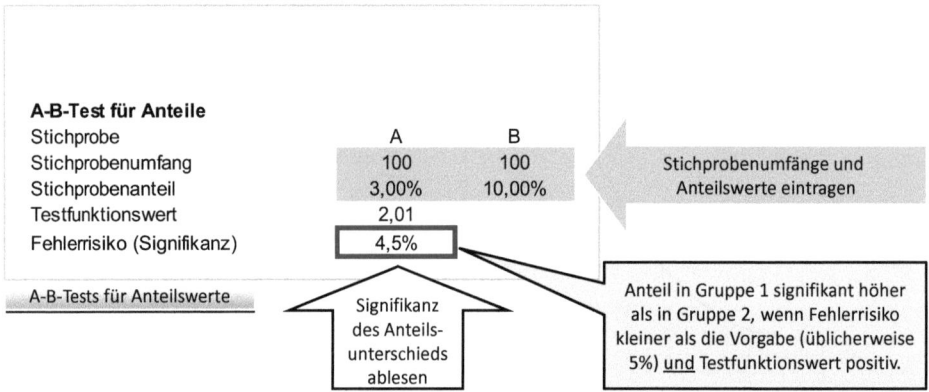

**Abb. 4.8** Vorgehen beim Durchführen des Anteilstests mit Excel-Tool. (Darstellung mit freundlicher Genehmigung der Deutsche Post DHL Group)

## 4.2 A-B-Tests für Anteile

die multisensorischen Elemente erwartet man eine weitere Verbesserung um 50 % (von 6 % auf 9 %). Um diese Hypothesen zu testen, wurden von dem Reiseveranstalter drei Stichproben vom Umfang n=1000 gezogen, die jeweils mit einer der drei Mailingvarianten angeschrieben wurden. Wie in Abb. 4.9 dargestellt, ergaben sich die folgenden Kaufquoten für diese Stichproben:

- Standardbrief: 5,11 %
- Gestaltungsoptimierter Brief: 6,20 %
- Multisensorikbrief: 8,73 %

Aus den Stichprobenresultaten ergibt sich, dass lediglich der Einsatz der Multisensorik zu einer Steigerung der Kaufquote führt, die als signifikant angesehen werden kann. Diese Signifikanz wird hier erreicht, obwohl die Steigerung mit +41 % etwas geringer ausfiel als erwartet. Die Gestaltungsoptimierung führt zwar in den Stichproben auch zu einer höheren Kaufquote, die auch in der erwarteten Größenordnung liegt. Allerdings ist der Anstieg um +21 % von 5,1 % auf 6,2 % so gering, dass man einen rein zufällig zustande gekommenen Unterschied, dem tatsächlich keine substanzielle Verbesserung zu Grunde liegt, nicht mit genügender Sicherheit ausschließen kann. ◄

### 4.2.2 Bestimmung des erforderlichen Stichprobenumfangs

Die Tatsache, dass in Beispiel 4.2 der Unterschied zwischen Standard- und gestaltungsoptimiertem Mailing nicht signifikant wird, legt die Vermutung nahe, dass der Stichprobenumfang zu gering gewählt wurde. Um dieser Vermutung nachzugehen, ist es erforder-

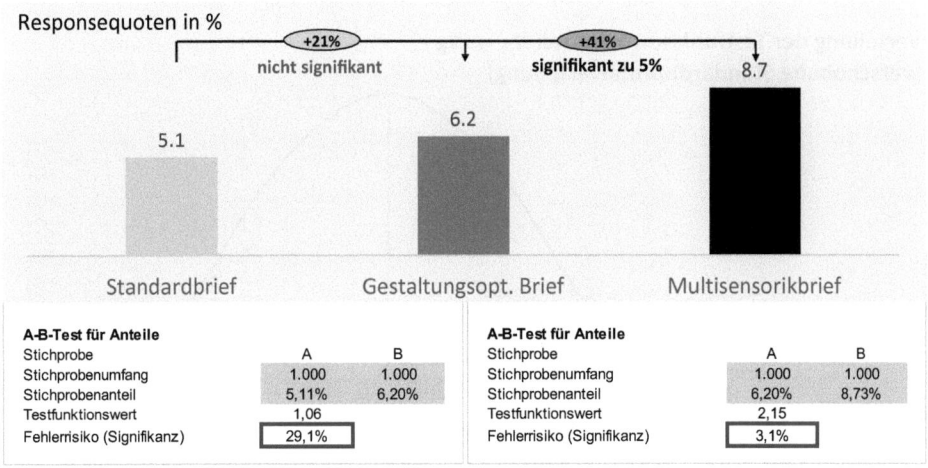

**Abb. 4.9** Ergebnisse der Anteilstests im Multisensorik-Beispiel

lich auszurechnen, mit welcher Wahrscheinlichkeit der Signifikanztest unter den angesetzten Erwartungen zu einem signifikanten Ergebnis kommt. Dabei seien im Folgenden identische Stichprobenumfänge $n_A = n_B = n$ für beide Gruppen vorausgesetzt.

Bezeichnet man die Wahrscheinlichkeit für den Fehler 2. Art als $\beta$, so ergibt sich die Wahrscheinlichkeit dafür, dass der A-B-Test für Anteilswerte ein signifikantes Ergebnis anzeigt, als

$$1-\beta = W\left(V > \Phi^{-1}\left(1-\frac{\alpha}{2}\right)\right). \tag{4.4}$$

Dabei ist die Testfunktion $V$ jetzt nicht mehr standardnormalverteilt, sondern um ein vom Stichprobenumfang abhängiges Vielfaches des erwarteten Abweichungswerts $\pi_B - \pi_A$ verschoben (vgl. Abb. 4.10). Diese Wahrscheinlichkeit beträgt näherungsweise

$$1-\beta = 1 - \Phi\left(\Phi^{-1}\left(1-\frac{\alpha}{2}\right) - \sqrt{n} \cdot \frac{\pi_B - \pi_A}{\sqrt{2 \cdot \pi (1-\pi)}}\right) \text{ mit } \pi = \frac{1}{2}(\pi_A + \pi_B). \tag{4.5}$$

Diese Wahrscheinlichkeit wird – bei sonst unveränderten Rahmenbedingungen – umso größer, je weiter man den für beide Gruppen geltenden Stichprobenumfang $n$ erhöht. Macht man sich nun für diese sog. Entdeckungswahrscheinlichkeit, dass der tatsächlich vorhandene Unterschied durch den Test als signifikant ausgewiesen wird, eine bestimmte Vorgabe, so kann man den hierfür erforderlichen Stichprobenumfang bestimmen.

Diese Aufgabe leistet das in den Begleitmaterialien befindliche Excel-Tool „Stichprobenumfänge für A-B-Tests.xlsx", dessen Bedienung in Abb. 4.11 gezeigt ist. Man könnte

**Je deutlicher sich die beiden Anteile unterscheiden, umso größer ist die Entdeckungswahrscheinlichkeit**

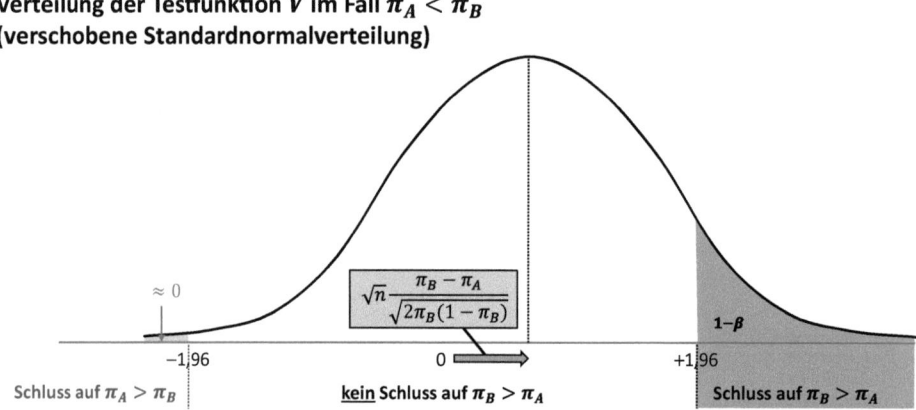

**Abb. 4.10** Entdeckungswahrscheinlichkeit des A-B-Anteilstests

## Bestimmung des erforderlichen Stichprobenumfangs beim A-B-Test für Anteile

### Durchführung mit Excel-Tool „Stichprobenumfänge für A-B-Test.xlsx"

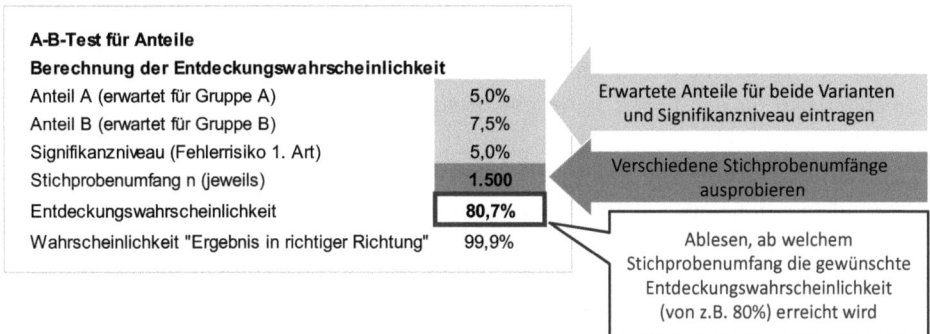

**Abb. 4.11** Vorgehen zur Berechnung der Entdeckungswahrscheinlichkeit bei A-B-Tests für Anteile

das Tool direkt so aufbauen, dass es für eine gegebene Entdeckungswahrscheinlichkeit sofort den hierfür erforderlichen Stichprobenumfang ausgibt. Dies ist hier nicht der Fall; stattdessen muss man verschiedene Stichprobenumfänge ausprobieren und nachvollziehen, welche Entdeckungswahrscheinlichkeit sich jeweils errechnet. Mit wenigen Versuchen findet man dann denjenigen Stichprobenumfang, der die eigene Anforderung an die Wahrscheinlichkeit, den vermuteten Unterschied zu entdecken, erfüllt.

Der Grund für diese etwas umständlichere Vorgehensweise des Ausprobierens ist, dass dieses „Experimentieren" mit den Stichprobenumfängen recht lehrreich ist: Man bekommt einen guten Eindruck davon, wie sensibel die Entdeckungswahrscheinlichkeit auf Erhöhungen des Stichprobenumfangs reagiert. Bei kleinen Stichprobenumfängen bewegt sie sich zunächst noch sehr nahe bei der Irrtumswahrscheinlichkeit $\alpha$ für den Fehler 1. Art und steigt nur sehr langsam an. Man kommt danach in eine Phase, in der die Entdeckungswahrscheinlichkeit sehr schnell ansteigt und die 50 %-Marke überschreitet. Je näher die Entdeckungswahrscheinlichkeit sich dann der 100 %-Grenze nähert, desto stärker verlangsamt sich ihr Ansteigen wieder. Wie schnell diese Bewegung zu höheren Entdeckungswahrscheinlichkeiten in Gang kommt, hängt vor allem von dem zugrunde gelegten Unterschied der erwarteten Anteile $\pi_A$ und $\pi_B$ ab.

Unterhalb der Entdeckungswahrscheinlichkeit gibt das Excel-Tool noch die Wahrscheinlichkeit dafür an, dass die Stichprobenergebnisse zumindest „in die richtige Richtung" weisen. Damit ist die Wahrscheinlichkeit gemeint, dass im Fall $\pi_B > \pi_A$ für die Stichprobenquoten zumindest $P_B > P_A$ gilt. Auch dies ist bei kleinen Stichprobenumfängen keinesfalls selbstverständlich, dort liegt diese Wahrscheinlichkeit noch nahe 50 %. Mit größeren Stichprobenumfängen steigt die Wahrscheinlichkeit dafür, dass die Differenz der beiden Stichprobenanteile das passende Vorzeichen aufweist, schnell an – auch wenn in vielen Fällen diese Differenz noch nicht ausreicht, um ein signifikantes Ergebnis herzustellen.

> **Beispiel 4.3 Erforderlicher Stichprobenumfang im Anteilstest**
>
> Wie bereits in Beispiel 4.2 erwähnt wurde, rechnet der Reiseveranstalter ausgehend von 5 % Kaufquote beim Standardmailing mit einer Steigerung um 20 % (auf 6 %) für das gestaltungsoptimierte Mailing; für den Multisensorikeinsatz geht er von einer weiteren Steigerung der Kaufquote um 50 % auf dann 9 % aus. Abb. 4.12 zeigt auf Basis des Excel-Tools, welche erforderlichen Stichprobenumfänge sich ergeben, wenn bei 5 % Fehlerrisiko für den Fehler 1. Art eine Entdeckungswahrscheinlichkeit von 80 % erreicht werden soll.
>
> Bei der Steigerung der Kaufquote durch den Multisensorikeinsatz von 6 % auf 9 % wird demnach bereits mit 1200 Fällen je Gruppe eine Entdeckungswahrscheinlichkeit von 80 % erreicht. Steigt die Responsequote nur um 20 % von 5 % auf 6 %, wie für die Gestaltungsoptimierung angenommen, sind hingegen jeweils 8200 Testempfänger je Gruppe erforderlich, um mit 80 %iger Wahrscheinlichkeit ein Stichprobenresultat zu erhalten, das eine signifikante Steigerung der Kaufquote ausweist. ◄

### 4.2.3 Grenzen des A-B-Tests für Anteile

Schaut man auf die Ergebnisse der Signifikanztests in Beispiel 4.2, so ergibt sich eine signifikante und eine nicht signifikante Steigerung. Auch die Steigerung von der Standardversion zur Multisensorikversion, also von Variante A zu C im A-B-C-Test ist

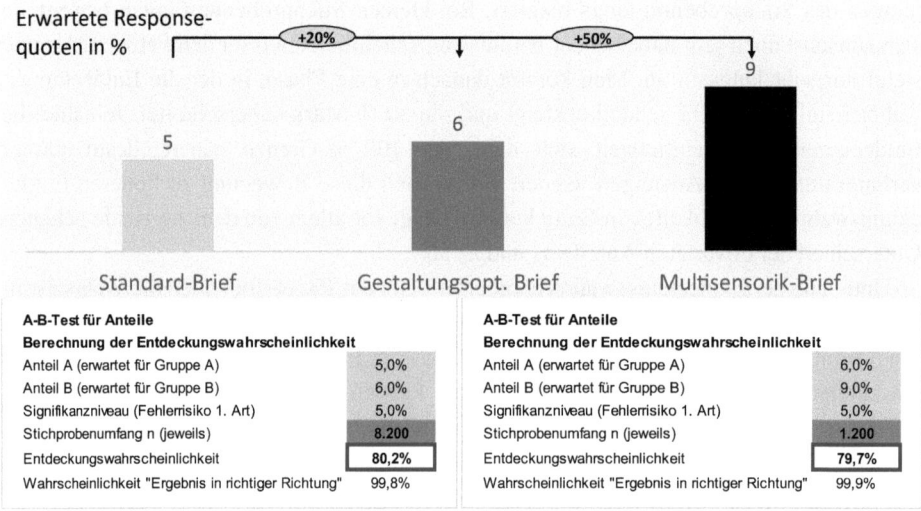

**Abb. 4.12** Berechnung der erforderlichen Stichprobenumfänge im Multisensorik-Beispiel

dann natürlich signifikant. Eine Effizienzsteigerung geht mit der nachgewiesenen höheren Responsequote allerdings nur einher, wenn mit dieser keine Kostensteigerungen verbunden sind. Hiervon wäre im nicht signifikanten Fall der Gestaltungsoptimierung auszugehen – im Fall des Multisensorikeinsatzes sollten jedoch die höheren Kosten berücksichtigt werden.

Vielfach wird in dieser Situation fälschlicherweise so vorgegangen, dass nun geschaut wird, ob auf Basis der Stichprobenwerte für die Anteile $\pi_A$ und $\pi_B$ von einer Effizienzsteigerung ausgegangen werden kann. Das heißt, bei einer Kostensteigerung z. B. um den Faktor $f_K = 1,3$ wird nun neben einem signifikanten Schluss auf eine gestiegene Responsequote (d. h. auf Fall $\pi_B > \pi_A$) noch geschaut, ob die Responsequote in der Stichprobe um mindestens diesen Faktor gestiegen ist, d. h. ob $P_B > f_K \cdot P_A$ gilt. Dies wäre in Beispiel 4.2 der Fall: Die Responsequote steigt durch den Einsatz der Multisensorik um den Faktor 1,41 von 6,2 % auf 8,7 %. Das Stichprobenergebnis weist damit durchaus in die richtige Richtung.

Dennoch ist der Schluss, man habe nun eine Steigerung der Responsequote in ausreichender Höhe nachgewiesen, um die Kostensteigerung zu kompensieren, so nicht richtig! Denn ein signifikantes Testresultat des Anteilstests weist ja nur $\pi_B > \pi_A$ mit dem verwendeten Fehlerrisiko $\alpha$ nach; nachgewiesen werden müsste aber eine Signifikanz für die Aussage $\pi_B > f_K \cdot \pi_A$ mit diesem Fehlerrisiko. Würde dafür bei $f_K = 1,3$ bereits eine Responsesteigerung um 40 % ausreichen? Wohl kaum, es sei denn der Stichprobenumfang ist sehr groß. Denn bei 40 % Responsesteigerung in den Stichproben ist das Risiko recht groß, dass die Steigerung tatsächlich nur 20 % beträgt, also für die Kompensation der Kostensteigerung zu gering sein könnte.

Der oben beschriebene Fehler bei der Anwendung des Anteilstests ist im Dialogmarketing häufig anzutreffen. In dieser in Abb. 4.13 dargestellten Situation gibt es nun zwei mögliche Auswege, um zu einem Signifikanztest mit korrekt berechneter Fehlerwahrscheinlichkeit zu gelangen:

- Einerseits kann der A-B-Test für Anteile so modifiziert werden, dass er Hypothesen der Form $\pi_B > f_K \cdot \pi_A$ prüft. Ein signifikantes Ergebnis wird durch einen derartig modifizierten Test erst ausgewiesen, wenn die Stichprobenanteile einen genügend größeren Steigerungsfaktor als $f_K$ ausweisen. Um wie viel dieser größer sein muss, hängt dabei von den verwendeten Stichprobenumfängen ab. Auch das Kalkulationstool für erforderliche Stichprobenumfänge ist entsprechend zu modifizieren.
- Andererseits kann man den Weg verfolgen, dass in der Situation mit unterschiedlichen Kosten kostenbezogene Kenngrößen zu verwenden sind, vgl. Abschn. 2.3.2 In der beschriebenen Situation des Vergleichs von Responses wären dies Kosten pro Response (CpR). Wie in Abb. 4.14 dargestellt, handelt es sich bei dieser Kenngröße nicht mehr um einen Anteil, sodass der allgemeinere A-B-Test für Mittelwerte anzuwenden ist. Dabei wird der Test auf den Kehrwert (Responses per Cost, RpC) angewendet und geprüft, ob die pro Geldeinheit Kosteneinsatz bewirkten Responses signifikant angestiegen sind oder nicht.

## Die A-B-Tests für Anteile und Mittelwerte beantworten beim Reponsequotenvergleich unterschiedliche Fragestellungen

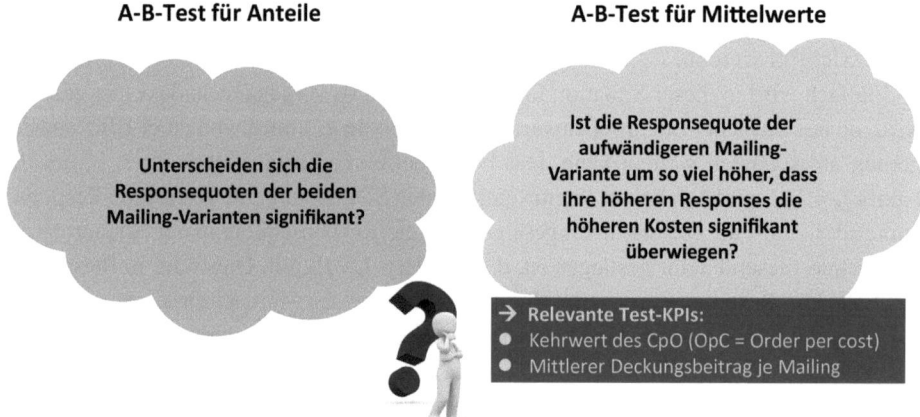

**Abb. 4.13** Fragestellung des Anteilstest und Mittelwerttest im Vergleich. (Darstellung mit freundlicher Genehmigung der Deutsche Post DHL Group)

## Sind nicht nur Anteile zu vergleichen, ist der Mittelwerttest geeignet

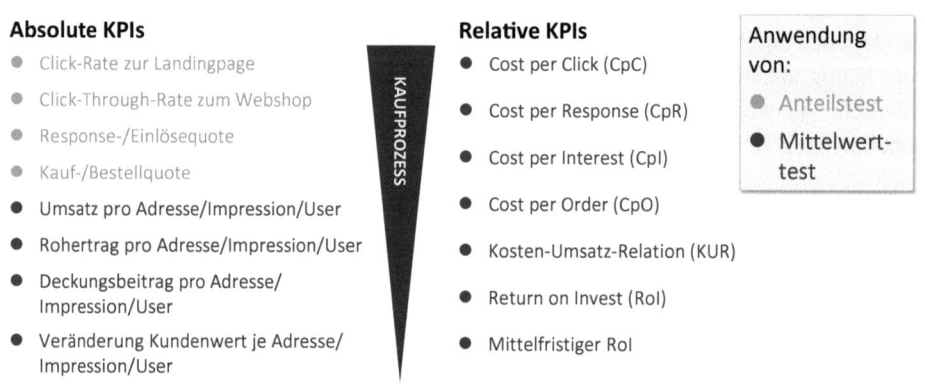

**Abb. 4.14** Einsatzbereich von Mittelwerttests im Dialogmarketing. (Darstellung mit freundlicher Genehmigung der Deutsche Post DHL Group)

Hier wird der zweite der beiden beschriebenen Ansätze verfolgt. Dies geschieht, da im Dialogmarketing ohnehin Situationen auftreten, bei denen Mittelwerte zu vergleichen sind, weil beispielsweise die zu vergleichenden Zielgrößen Umsätze, Deckungsbeiträge oder Kundenwerte sind. Der hierfür geeignete Mittelwerttest kann dann auch auf entsprechende CpX-Vergleiche angewendet werden.

## 4.3 A-B-Tests für Mittelwerte

### 4.3.1 Datenaufbereitung

Der A-B-Test für Mittelwerte vergleicht zwei erwartete Mittelwerte in den zu vergleichenden Gruppen: $\mu_A$ in der Kontrollgruppe und $\mu_B$ in der Testgruppe. Dies erfolgt auf Basis der in den beiden Stichproben errechneten Stichprobenmittelwerte $\bar{X}_A$ und $\bar{X}_B$ sowie der zugehörigen Stichprobenstandardabweichungen $S_A$ und $S_B$. Da die Vorgehensweise bei der Berechnung dieser Kenngrößen für Test- und Kontrollgruppe identisch ist, verzichten die weiteren Ausführungen dieses Unterabschnitts auf den Gruppenindex.

Eine Schätzung für den tatsächlichen Gruppenmittelwert $\mu$ stellt der arithmetische Mittelwert der Stichprobe dar, der sich folgendermaßen berechnet:

$$\bar{X} = \frac{1}{n}\sum_{i=1}^{n} X_i. \qquad (4.6)$$

Dabei sind die $X_i$ die für die Kontroll- bzw. Testgruppe aufgetretenen individuellen Ausprägungen der Kenngrößen. Beim Vergleich von Umsätzen handelt es sich hierbei um die aufgetretenen kundenindividuellen Umsätze. Dabei müssen auch die Umsätze derjenigen Kunden berücksichtigt werden, die nichts gekauft haben: Deren individueller Umsatz ist dementsprechend null. Vergleicht man kostenbezogene Responses, so sind die Responses je Kontakt (RpC) zu ermitteln. Hierfür ergibt sich bei einem Kostensatz $k$ für den einzelnen Kontakt für die Reagierer ein individueller Wert von $X_i = 1/k$ und für die Nicht-Reagierer von $X_i = 0/k = 0$. Bei einer Responsequote $P$ gilt dann für die mittlere Responseanzahl je Kontakt in diesem speziellen Fall $\bar{X} = P/k$.

Beim A-B-Test für Anteile auf individueller Ebene treten nur „1" und „0" als individuelle Realisationswerte auf. Mittelwert und Streuung ergeben sich dann mittelbar aus dem Anteil der aufgetretenen „1"-Werte: Der Mittelwert ist gleich $P$; ein Maß für die Streuung erhält man mit $\sqrt{P\cdot(1-P)}$.

Dies ist beim A-B-Test für Mittelwerte anders. Hier kann derselbe Mittelwert $\bar{X}$ mit verschieden stark streuenden Einzelwerten einhergehen. Dieses Streuungsverhalten ist aber für die Verlässlichkeit der Stichprobenmittelwerte von entscheidender Bedeutung: Bei geringer Streuung (die individuellen Werte unterscheiden sich untereinander nur sehr wenig) ergeben sich aus dem Stichprobenmittelwert $\bar{X}$ verlässliche Informationen über die Größenordnung des tatsächlichen Gruppenerwartungswerts $\mu$. Ist die Streuung der individuellen Stichprobenwerte groß, dann ist die Verlässlichkeit des Stichprobenmittelwerts in Bezug auf den tatsächlichen Gruppenerwartungswert hingegen geringer. Die Folge ist, dass der Signifikanztest für Mittelwerte dann wesentlich größere Stichprobenumfänge benötigt, um Unterschiede zwischen den Gruppen verlässlich zu erkennen und einen signifikanten Gruppenunterschied auszuweisen.

Als Maß für die Streuung innerhalb der Gruppen verwendet man die sog. Stichprobenstandardabweichung

$$S = \sqrt{\frac{1}{n}\sum_{j=1}^{n_i}(X_i - \bar{X})^2}. \tag{4.7}$$

Betrachtet wird also die Wurzel aus der mittleren quadratischen Abweichung der Einzelwerte von ihrem Mittelwert. Auf die sog. Endlichkeitskorrektur – die Division durch den Faktor $n - 1$ statt durch $n$ – sei hier verzichtet, da dieser Unterschied bei größeren Stichprobenumfängen praktisch keine Rolle mehr spielt.

In der Praxis ist die Datenlage oft so, dass man gar keine individuellen Werte vorliegen hat. Vielmehr erhält man häufig bereits aggregierte Mittelwerte und Standardabweichungen, die unter Umständen getrennt nach bestimmten Untergruppen ausgewiesen sind. Auf Basis der für die Untergruppen ($g = 1, 2, \ldots$) vorliegenden Mittelwerte $\bar{X}_g$ und Standardabweichungen $S_g$ erhält man den Gesamtmittelwert und die Gesamtstandardabweichung nach der Formel der Streuungsaggregation. Für zwei Untergruppen stellt diese sich wie folgt dar:

$$\bar{X} = \frac{n_1}{n_1 + n_2} \cdot \bar{X}_1 + \frac{n_2}{n_1 + n_2} \cdot \bar{X}_2,$$
$$S = \sqrt{\frac{n_1}{n_1 + n_2} \cdot \left((\bar{X}_1 - \bar{X})^2 + S_1^2\right) + \frac{n_2}{n_1 + n_2} \cdot \left((\bar{X}_2 - \bar{X})^2 + S_2^2\right)}. \tag{4.8}$$

Sofern mehr als zwei Untergruppen auftreten, lässt sich diese Streuungsaggregationsformel mehrfach hintereinander anwenden. In Gl. 4.8 wird berücksichtigt, dass für die Gesamtstreuung nicht nur die Streuung innerhalb der Untergruppen maßgeblich ist, sondern auch die zwischen diesen Gruppen. Letztere schlägt sich in den Abweichungen der Mittelwerte der Untergruppen vom gesamten Gruppenmittel nieder.

Diese recht komplexe Formel muss nicht von Hand ausgerechnet werden. Hierfür kann das Excel-Tool „Streuungsaggregation.xlsx" aus den Begleitmaterialien genutzt werden, wie in Abb. 4.15 dargestellt. Bei den Untergruppenanteilen ist dabei lediglich der Anteil $P_1 = n_1/(n_1 + n_2)$ für die erste Untergruppe anzugeben, der andere Anteil wird dann automatisch ausgerechnet.

Typische Untergruppen sind beispielsweise Reagierer und Nichtreagierer oder Käufer und Nichtkäufer. Dies kann beispielsweise so aussehen, dass man für Test- und Kontrollgruppe folgende Kenngrößen hat:

- Kosten pro kontaktierter Adresse $k$ (diese seien hier als identisch für alle Adressen unterstellt),
- Käuferquote $P_K$,
- Mittlerer Rohertrag der Käufer $\bar{R}_K$ (berechnet als Umsatz abzgl. direkt zurechenbaren Kosten ohne Kampagnenkosten),
- Standardabweichung der Roherträge der Käufer $S_K$.

Der Rohertrag der Nichtkäufer ist null, sodass offenbar $\bar{R}_N = 0$ und $S_N = 0$ gilt. Soll als Zielgröße der mittlere Deckungsbeitrag, also die Differenz zwischen Rohertrag und den

## Aggregation von Mittelwerten und Streuungen aus zwei Untergruppen

**Durchführung mit Excel-Tool „Streuungsaggregation.xlsx"**

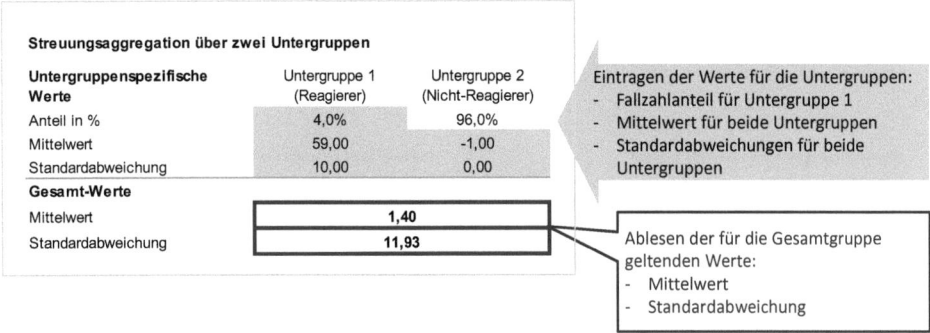

**Abb. 4.15** Einsatz des Excel-Tools zur Streuungsaggregation

entstehenden Marketingkosten einer Werbeaktion betrachtet werden, so kann der Kostensatz $k$ bei jeder kontaktierten Person abgezogen werden, d. h. es gilt $X_i = R_i - k$. Auf die Streuung des Merkmals hat das keinen Einfluss, d. h. die Streuungen der $R_i$ und $X_i$ sind identisch.

Fasst man hier die Untergruppe der Käufer und Nichtkäufer zusammen, erhält man aus Gl. 4.8 für diesen Spezialfall

$$\bar{R} = P_K \cdot \bar{R}_K, \bar{X} = P_K \cdot (\bar{R}_K - k) - (1 - P_K) \cdot k,$$
$$S = \sqrt{P_K \cdot ((\bar{X}_K - \bar{X})^2 + S_K^2) + (1 - P_K) \cdot \bar{X}^2}. \quad (4.9)$$

**Beispiel 4.4 Streuungsaggregation für den Kaufquotenvergleich bei unterschiedlichen Kosten**

In der Situation des Beispiels 4.2 soll für das gestaltungsoptimierte und das Multisensorikmailing nun ein Kaufquotenvergleich unter Einbezug der unterschiedlichen Kosten durchgeführt werden. Diese belaufen sich für das gestaltungsoptimierte Mailing auf 1 € pro Stück und für das Multisensorik-Mailing auf 1,30 € pro Stück. Zum Vergleich verwendet werden hier erneut die Stichproben vom Umfang 1000, die Kaufquoten in diesen Stichproben waren 6,20 % bzw. 8,73 %. Die CpO-Werte sind damit 16,13 € für das gestaltungsoptimierte Mailing bzw. 14,89 € für das multisensorische.

Die Berechnung der Mittelwerte und Standardabweichungen des Kehrwerts OpC für beide Mailinggruppen mit dem Excel-Tool „Streuungsaggregation.xlsx" zeigt Abb. 4.16. In das Excel-Tool zur Streuungsaggregation sind neben den Kaufquoten die Kehrwerte der Mailingkosten einzutragen. Für die Reagierer (= Käufer) gibt dieser Kehrwert an, wie viele Käufe (Orders) hier auf einen Kostenbetrag von 1 € entfielen.

## Streuungsaggregation im Multisensorik-Beispiel

**Ausgangsdaten für CpO-Vergleich**

| Mailingvariante (Stichprobenumfang jeweils 1.000) | Gestaltungsopt. Mailing | Multisensorik-Mailing |
|---|---|---|
| Mailingkosten pro Stück | 1,00 € | 1,30 € |
| Kehrwert (Mailings pro Euro) | 1,00 [1/€] | 0,77 [1/€] |
| Käuferquote | 6,20 % | 8,73 % |

| Streuungsaggregation über zwei Untergruppen | | | | Streuungsaggregation über zwei Untergruppen | | |
|---|---|---|---|---|---|---|
| Untergruppenspezifische Werte | Untergruppe 1 (Reagierer) | Untergruppe 2 (Nicht-Reagierer) | | Untergruppenspezifische Werte | Untergruppe 1 (Reagierer) | Untergruppe 2 (Nicht-Reagierer) |
| Anteil in % | 6,2% | 93,8% | | Anteil in % | 8,7% | 91,3% |
| Mittelwert | 1,00 | 0,00 | | Mittelwert | 0,77 | 0,00 |
| Standardabweichung | 0,00 | 0,00 | | Standardabweichung | 0,00 | 0,00 |
| Gesamt-Werte | | | | Gesamt-Werte | | |
| Mittelwert | 0,062 | | | Mittelwert | 0,067 | |
| Standardabweichung | 0,241 | | | Standardabweichung | 0,217 | |

**Abb. 4.16** Streuungsaggregation der OpC-Werte im Multisensorikbeispiel

Für die Nichtreagierer ist diese OpC-Größe gleich 0, da für diese keine Bestellungen anfielen. Die Standardabweichungen der OpC-Größen sind hier in beiden Fällen gleich 0, da für alle Käufer bzw. Nicht-Käufer derselbe OpC-Wert anfällt. Es ergibt sich damit für die Stichprobe mit gestaltungsoptimiertem Mailing ein mittlerer OpC-Wert von 0,062 Käufen/€ bei einer Standardabweichung von 0,241. Beim Multisensorikmailing erhält man entsprechend 0,067 Käufe/€ bei einer Standardabweichung von 0,217. Um zu testen, ob diese Steigerung des OpC-Wertes von durchschnittlich 0,062 auf 0,067 signifikant ist, wird nun in Beispiel 4.6 der Mittelwerttest eingesetzt. ◄

---

**Beispiel 4.5 Streuungsaggregation für den Vergleich von Deckungsbeiträgen**

In der Situation des Beispiels 4.2 soll für das gestaltungsoptimierte und das Multisensorikmailing nun ein Vergleich auf Basis des Deckungsbeitrags durchgeführt werden. Verwendet werden sollen wieder die beiden Stichproben vom Umfang 1000 für diese beiden Mailingvarianten; dabei wird in diesem Beispiel die Response mit Kauf gleichgesetzt. Neben den bereits bekannten Kaufquoten und Kostensätzen pro Mailing benötigt man dann noch Informationen über Durchschnittswert und Standardabweichung der bei den Käufern erzielten Roherträge. In Abb. 4.17 sind diese Daten für Test- und Kontrollgruppe angegeben; zudem ist dargestellt, wie sich Mittelwert und Standardabweichung der Deckungsbeiträge aller Kunden mit Hilfe des Excel-Tools „Streuungsaggregation.xlsx" berechnen lassen.

Für jeweils die gesamte Empfängergruppe ergeben sich für das gestaltungsoptimierte bzw. Multisensorikmailing mittlere Deckungsbeiträge von 13,88 € bzw. 19,91 €; die zugehörigen Standardabweichungen sind 61,63 € bzw. 73,78 €. Der mittlere De-

## 4.3 A-B-Tests für Mittelwerte

### Streuungsaggregation im Multisensorik-Beispiel

**Ausgangsdaten für DB-Vergleich**

| Mailingvariante (Stichprobenumfang jeweils 1.000) | Gestaltungsopt. Mailing | Multisensorik-Mailing |
|---|---|---|
| Mailingkosten pro Stück | 1,00 € | 1,30 € |
| Käuferquote | 6,20 % | 8,73 % |
| Mittlerer Rohertrag der Käufer | 240 € | 243 € |
| Standardabw. der Käufer-Roherträge | 85 € | 92 € |

*Mailingkosten bei Mittelwerten abziehen!*

**Streuungsaggregation über zwei Untergruppen**

| Untergruppenspezifische Werte | Untergruppe 1 (Reagierer) | Untergruppe 2 (Nicht-Reagierer) |
|---|---|---|
| Anteil in % | 6,2% | 93,8% |
| Mittelwert | 239,00 | -1,00 |
| Standardabweichung | 85,00 | 0,00 |

| Gesamtwerte | |
|---|---|
| Mittelwert | 13,88 |
| Standardabweichung | 61,63 |

**Streuungsaggregation über zwei Untergruppen**

| Untergruppenspezifische Werte | Untergruppe 1 (Reagierer) | Untergruppe 2 (Nicht-Reagierer) |
|---|---|---|
| Anteil in % | 8,7% | 91,3% |
| Mittelwert | 241,70 | -1,30 |
| Standardabweichung | 92,00 | 0,00 |

| Gesamtwerte | |
|---|---|
| Mittelwert | 19,84 |
| Standardabweichung | 73,67 |

**Abb. 4.17** Streuungsaggregation der Deckungsbeiträge im Multisensorikbeispiel

ckungsbeitrag pro Empfänger ist auf Basis der Stichproben um 43 % angestiegen. In Beispiel 4.7 wird mit dem Mittelwerttest untersucht, ob dieser Anstieg als signifikant angesehen werden kann. ◄

Bisher wurde auf eine Situation abgestellt, bei der die Kostensätze in Test- bzw. Kontrollgruppe jeweils konstant sind. Prinzipiell ist die Methodik des Mittelwerttests auch auf variierende Kostensätze anwendbar, wie sie bei performanceabhängigen Provisionen in unterschiedlichen Bezahlmodellen im Affiliate-Marketing auftreten. Um dann beispielsweise unterschiedliche Plattformen auf CpO-Basis zu vergleichen, müssen aus den individuell anfallenden Kostensätzen die oben beschriebenen Mittelwerte und Standardabweichungen der OpC-Werte berechnet werden. Fälle, die im vereinbarten Bezahlmodell nicht zu Kosten führen (z. B. Nicht-Clicker bei Pay per Click) bleiben dabei außen vor.

### 4.3.2 Durchführung des Mittelwerttests

Der Mittelwerttest dient dem Zweck nachzuweisen, dass für die betrachtete Kenngröße der tatsächliche Erwartungswert $\mu_B$ der Testvariante größer ist als derjenige $\mu_A$ der Kontrollvariante. Der Nachweis dieser Hypothese erfolgt auf Basis von zwei strukturgleich gebildeten Stichproben. Für die Kontrollgruppe mit Stichprobenumfang $n_A$ ist für die Kenngröße der Stichprobenmittelwert $\bar{X}_A$ und die Stichprobenstandardabweichung $S_A$; für die Testgruppe ist der Stichprobenumfang $n_B$ mit Mittelwert $\bar{X}_B$ und Standardabweichung $S_B$.

Der Mittelwert- oder Erwartungswerttest kann bei ausreichend großen Stichproben näherungsweise auch ohne die Annahme einer Normalverteilung für das Untersuchungsmerkmal durchgeführt werden (Degen und Lorscheid 2012, S. 237) und basiert auf folgender Testfunktion

$$V = \frac{\overline{X}_B - \overline{X}_A}{\sqrt{S_A^2 / n_A + S_B^2 / n_B}}. \tag{4.10}$$

Die Regeln für ein signifikantes Testergebnis sind dieselben wie beim Test für Anteilswerte. Bei gleichen Erwartungswerten $\mu_A$ und $\mu_B$ ist auch diese Testfunktion $V$ näherungsweise standardnormalverteilt. Das Risiko, dass eine Entscheidung für die Aussage, dass die Testvariante gegenüber der Kontrollvariante eine Verbesserung darstellt, also $\mu_B > \mu_A$ ist, eine Fehlentscheidung ist, beträgt näherungsweise

$$\alpha = 2 \cdot (1 - \Phi(V)). \tag{4.11}$$

Die grafische Darstellung würde derjenigen in Abb. 4.7 entsprechen, wenn man dort die Anteile $\pi_A$ und $\pi_B$ durch $\mu_A$ und $\mu_B$ ersetzt. Ein Risiko des Fehlers 1. Art von weniger als 5 % ergibt sich auch hier, wenn man auf die Hypothese $\mu_B > \mu_A$ schließt, sofern $V > 1{,}96$ ist. Auch hier ist zusätzlich darauf zu achten, dass der gemessene Unterschied zwischen den Mittelwerten in den beiden Stichproben in die richtige Richtung weist, d. h. der Testfunktionswert positiv ist.

Auch dieser Test kann mit dem Excel-Tool „A-B-Test.xlsx" durchgeführt werden, indem man hier den Reiter für Mittelwerttests auswählt. Wie in Abb. 4.18 dargestellt, sind dazu für beide Gruppen die Stichprobenumfänge, die Stichprobenmittelwerte und die Stichprobenstandardabweichungen einzutragen. Wenn diese zuvor über die Streuungsaggregation aus Werten für Untergruppen berechnet wurden, sind die dort erhaltenen Ergebnisse zu übernehmen.

**Beispiel 4.6 Mittelwerttest für Kaufquoten bei unterschiedlichen Kosten**

Die in Beispiel 4.4 errechneten Mittelwerte für die Kenngröße OpC (Orders per Cost) in den Gruppen der Empfänger des gestaltungsoptimierten und des Multisensorikmailings sollen nun darauf geprüft werden, ob ihr Unterschied als signifikant angesehen werden kann. Das Ergebnis hierzu zeigt Abb. 4.19.

Die Steigerung von 0,062 Käufen pro eingesetztem Euro Werbebudget auf 0,067 Käufe ist mit einem berechneten Fehlerrisiko von 62,6 % weit davon entfernt, signifikant zu sein. Bei einer 30 %igen Kostensteigerung reicht also die Steigerung der Kaufquote um etwas mehr als 40 % nicht aus, um eine zufällig zustande gekommene OpC-Steigerung mit genügender Sicherheit auszuschließen. ◄

## Testdurchführung beim Mittelwerttest
### Durchführung mit Excel-Tool „A-B-Test.xlsx"

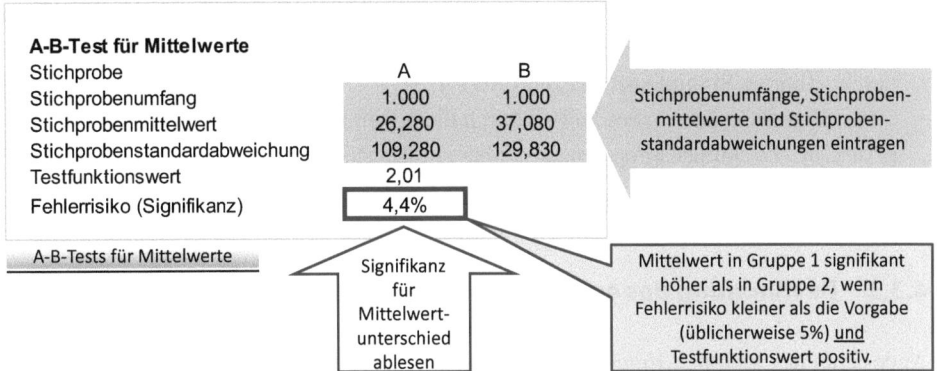

**Abb. 4.18** Vorgehen beim Durchführen des Mittelwerttests mit Ecxel-Tool

## Mittelwerttest im Multisensorik-Beispiel
### Durchführung für Zielgröße CpO

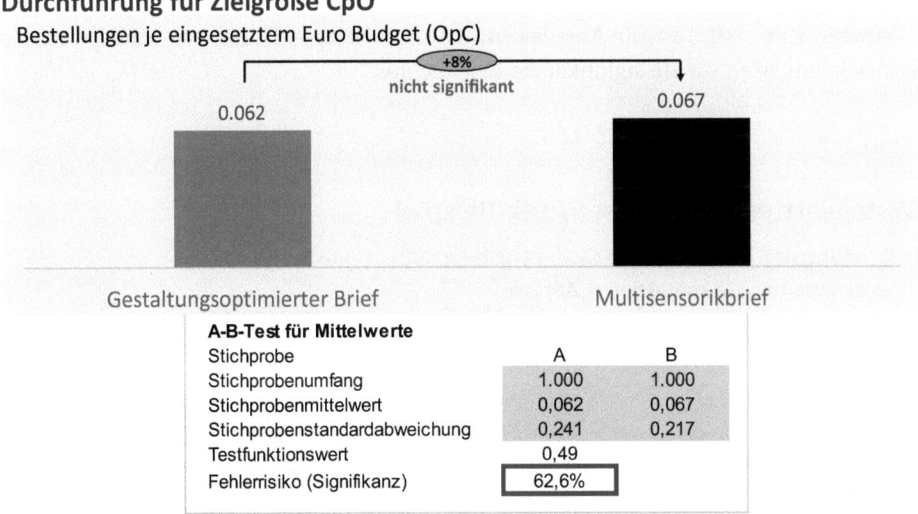

**Abb. 4.19** Ergebnis des OpC-Mittelwerttests im Multisensorik-Beispiel

Für das vorstehende Beispiel ergibt sich eine andere Konstellation, wenn als Zielgröße nicht die Verbesserung des CpO-Wertes, sondern des Deckungsbeitrags angestrebt wird. Denn wenn die im Reaktionsfall erzielten Roherträge im Vergleich zum eingesetzten Werbebudget hoch ausfallen, kann die Steigerung der Reaktionsquote dennoch ausreichen, um eine signifikante Steigerung des Deckungsbeitrags nachzuweisen.

> **Beispiel 4.7 Mittelwerttest für Deckungsbeiträge**

Der Signifikanzvergleich von gestaltungsoptimiertem Mailing und Multisensorikmailing soll nun auf Basis der durchschnittlichen Deckungsbeiträge erfolgen. Die hierfür erforderlichen Daten wurden in Beispiel 4.5 berechnet. Das Ergebnis des hiermit durchgeführten Signifikanztests zeigt Abb. 4.20.

Es zeigt sich, dass in diesem Fall durch die hohen Roherträge eine signifikante Steigerung des Deckungsbeitrags nachweisbar ist; das Risiko für den Fehler 1. Art liegt bei 4,7 %. ◄

## 4.3.3 Bestimmung des erforderlichen Stichprobenumfangs

Angesichts des knappen Ergebnisses des Signifikanztests in Beispiel 4.7 stellt sich die Frage, ob man bei der Durchführung des Tests hier vielleicht „nur Glück gehabt" hat. Möglicherweise hat hier eine hohe Wahrscheinlichkeit bestanden, den unterstellten Unterschied mit den verwendeten Stichprobenumfängen von jeweils 1000 Kontaktadressen nicht zu entdecken. Um dieser Frage nachzugehen, kann man auch für den Mittelwerttest die Wahrscheinlichkeit für den Fehler 2. Art bestimmen.

Analog zum A-B-Test für Anteilswerte ist auch beim A-B-Test für Mittelwerte die Wahrscheinlichkeit für ein signifikantes Testergebnis

### Mittelwerttest im Multisensorik-Beispiel

**Durchführung für Zielgröße Deckungsbeitrag**

Deckungsbeiträge je kontaktierter Adresse

+43% signifikant zu 5%

Gestaltungsoptimierter Brief: 14 €
Multisensorikbrief: 20 €

| A-B-Test für Mittelwerte | | |
|---|---|---|
| Stichprobe | A | B |
| Stichprobenumfang | 1.000 | 1.000 |
| Stichprobenmittelwert | 13,880 | 19,910 |
| Stichprobenstandardabweichung | 61,630 | 73,780 |
| Testfunktionswert | 1,98 | |
| Fehlerrisiko (Signifikanz) | 4,7% | |

**Abb. 4.20** Ergebnis des Mittelwerttests für Deckungsbeiträge im Multisensorik-Beispiel

## 4.3 A-B-Tests für Mittelwerte

$$1-\beta = W\left(V > \Phi^{-1}\left(1-\frac{\alpha}{2}\right)\right). \quad (4.12)$$

Gilt $\mu_B > \mu_A$, so ist die Testfunktion $V$ nicht mehr standardnormalverteilt, sondern um ein vom Stichprobenumfang abhängiges Vielfaches des erwarteten Abweichungswerts $\mu_B - \mu_A$ verschoben. Dieses Vielfache hängt außer von den Stichprobenumfängen noch von den a priori erwarteten Größenordnungen der Merkmalsstreuungen in den Grundgesamtheiten ab; diese Werte sind mit $\sigma_A^2$ bzw. $\sigma_B^2$ bezeichnet.

Die Darstellung der Entdeckungswahrscheinlichkeit in Abb. 4.21 entspricht im Wesentlichen derjenigen in Abb. 4.10. Allerdings ist der Verschiebungswert an die Situation des Mittelwerttests anzupassen, wobei hier identische Streuungen und Stichprobenumfänge in Test- und Kontrollgruppe angenommen wurden. Diese identische Wahl der Stichprobenumfänge ist in den meisten Fällen praktisch optimal. Das wäre nur dann nicht der Fall, wenn zwischen beiden Gruppen erhebliche Unterschiede im Streuungsverhalten anzunehmen sind. In diesem Fall würde es sich empfehlen, den Stichprobenumfang in der Gruppe mit der größeren Streuung größer zu wählen. Man kann dann näherungsweise so vorgehen, dass man die beiden unterschiedlichen Streuungen einsetzt und die beiden resultierenden Stichprobenumfänge für die jeweilige Stichprobe verwendet.

Geht man von identischen Streuungen $\sigma_A = \sigma_B = \sigma$ und identischen Stichprobenumfängen $n_B = n_A = n$ aus, erhält man für die Entdeckungswahrscheinlichkeit der Hypothese $\mu_B > \mu_A$ die Formel

**Je deutlicher sich die beiden erwarteten Mittelwerte unterscheiden, umso größer ist die Entdeckungswahrscheinlichkeit**

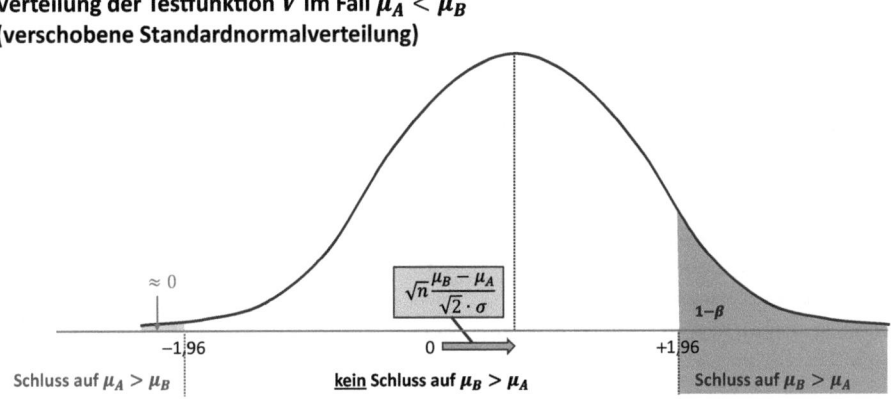

**Abb. 4.21** Entdeckungswahrscheinlichkeit des A-B-Mittelwerttests

$$1-\beta = 1-\Phi\left(\Phi^{-1}\left(1-\frac{\alpha}{2}\right)-\sqrt{n}\,\frac{\mu_B-\mu_A}{\sqrt{2}\cdot\sigma}\right). \tag{4.13}$$

Wie schon beim Anteilstest kann man nun bestimmte Vorgaben für die Entdeckungswahrscheinlichkeit machen, beispielsweise dass der Unterschied zwischen $\mu_A$ und $\mu_B$ mit 80- oder 90-prozentiger Sicherheit entdeckt werden soll. Durch entsprechendes Ausprobieren verschiedener Stichprobengrößen kann man auch hier den Stichprobenumfang bestimmen, der für eine vorgegebene Entdeckungswahrscheinlichkeit erforderlich ist. Diese Berechnung kann – wie in Abb. 4.22 dargestellt, mit dem entsprechenden Register des Excel-Tools „Stichprobenumfänge für A-B-Tests.xlsx" durchgeführt werden. Dazu sind die beiden a priori erwarteten Mittelwerte sowie eine gemeinsame Schätzung der Streuung anzugeben. Gibt es für die Test- und Kontrollgruppe hierfür unterschiedliche Annahmen, die sich nicht zu stark unterscheiden, nimmt man hierfür den Mittelwert dieser beiden Streuungswerte, also $\sigma = (\sigma_A + \sigma_B)/2$.

Ähnlich wie bei der Durchführung des Tests selbst werden in vielen Fällen die in die Hypothese einfließenden Annahmen anhand von Subgruppen wie Käufer und Nichtkäufer getroffen. So lassen sich auf Basis der Daten zurückliegender Kampagnen beispielsweise Kaufquoten, mittlere Kaufwerte und deren Standardabweichung ermitteln, die in die Annahmen zur Kalkulation des erforderlichen Stichprobenumfangs einfließen können. Um aus den für die Subgruppen spezifischen Zahlen Werte für die gesamte Gruppe abzuschätzen, kann die Formel für die Streuungsaggregation Gl. 4.8 auf diesen Fall übertragen werden:

## Bestimmung des erforderlichen Stichprobenumfangs beim A-B-Test für Mittelwerte

**Durchführung mit Excel-Tool „Stichprobenumfänge für A-B-Test.xlsx"**

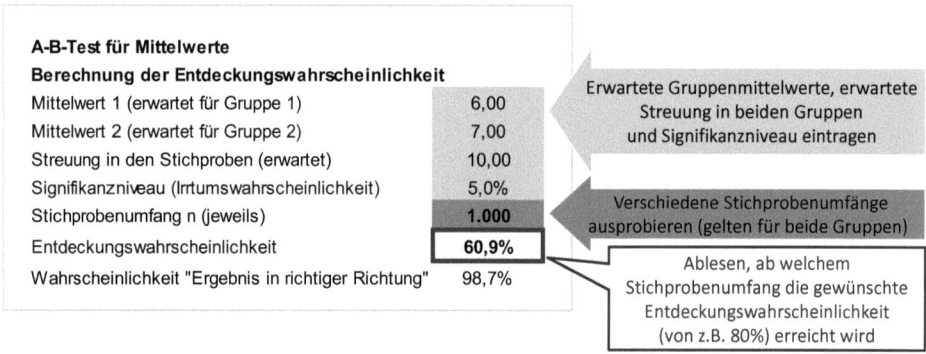

**Abb. 4.22** Vorgehen zur Berechnung der Entdeckungswahrscheinlichkeit bei A-B-Tests für Mittelwerte

## 4.3 A-B-Tests für Mittelwerte

$$\mu = \pi_1 \cdot \mu_1 + (1-\pi_1) \cdot \mu_2 \quad \sigma = \sqrt{\pi_1 \cdot \left((\mu_1 - \mu)^2 + \sigma_1^2\right) + (1-\pi_1) \cdot \left((\mu_2 - \mu)^2 + \sigma_2^2\right)}. \quad (4.14)$$

An die Stelle der tatsächlichen Fallzahlen treten hier die erwarteten Anteile der Subgruppen $\pi_g$, also beispielsweise die erwarteten Kauf- und Nichtkaufquoten. Die Mittelwerte und Standardabweichungen aus der Stichprobe sind durch die angenommenen Erwartungswerte $\mu_g$ und Streuungen $\sigma_g$ in den Subgruppen zu ersetzen.

### Beispiel 4.8 Erforderlicher Stichprobenumfang im Mittelwerttest

Im Beispiel des Multisensoriktests war für das gestaltungsoptimierte Mailing eine Response- bzw. Kaufquote von 6 % und für das Multisensorikmailing von 9 % angenommen worden. Die Kosten dieser Mailings wurden mit 1,00 € bzw. 1,30 € unterstellt. Geht man davon aus, dass die Mailinggestaltung sich zwar auf die Kaufquote, aber nicht auf Mittelwert und Streuung der gekauften Warenwerte auswirkt, so können auf Basis früherer Kampagnen hier für Test- und Kontrollgruppe angenommen werden:

- Erwarteter mittlerer Rohertrag: 250 €
- Erwartete Streuung der Roherträge: 100 €

Die Berechnung der für Test- und Kontrollwerte resultierenden erwarteten Mittelwerte und Streuungen der Deckungsbeiträge je kontaktierter Adresse zeigt Abb. 4.23. Der erwartete Deckungsbeitrag liegt bei 14,00 € in der Kontrollgruppe und 21,20 € in der Testgruppe. Die erwarteten Streuungen betragen 64,23 € bzw. 77,58 €; diese unterscheiden sich so wenig, dass man im Weiteren deren Mittelwert von 70,91 € ansetzen kann.

### Streuungsaggregation im Multisensorik-Beispiel

#### Erwartete Ausgangsdaten (a-priori-Annahmen)

| Mailingvariante (Stichprobenumfang jeweils 1.000) | Gestaltungsopt. Mailing | Multisensorik- Mailing |
|---|---|---|
| Mailingkosten pro Stück | 1,00 € | 1,30 € |
| Käuferquote | 6 % | 9% |
| Erwarteter Rohertrag der Käufer | 250 € | 250 € |
| Erw. Streuung der Käufer-Roherträge | 100 € | 100 € |

| Streuungsaggregation über zwei Untergruppen | | | Streuungsaggregation über zwei Untergruppen | | |
|---|---|---|---|---|---|
| Untergruppenspezifische Werte | Untergruppe 1 (Reagierer) | Untergruppe 2 (Nicht-Reagierer) | Untergruppenspezifische Werte | Untergruppe 1 (Reagierer) | Untergruppe 2 (Nicht-Reagierer) |
| Anteil in % | 6,0% | 94,0% | Anteil in % | 9,0% | 91,0% |
| Mittelwert | 249,00 | -1,00 | Mittelwert | 248,70 | -1,30 |
| Standardabweichung | 100,00 | 0,00 | Standardabweichung | 100,00 | 0,00 |
| Gesamtwerte | | | Gesamtwerte | | |
| Mittelwert | | 14,00 | Mittelwert | | 21,20 |
| Standardabweichung | | 64,23 | Standardabweichung | | 77,58 |

**Abb. 4.23** Streuungsaggregation für erwartete Deckungsbeiträge im Multisensorik-Beispiel

## Um die Steigerung des Deckungsbeitrags von 14 € auf 21 € zu entdecken, ist ein Stichprobenumfang von jeweils 1500 erforderlich

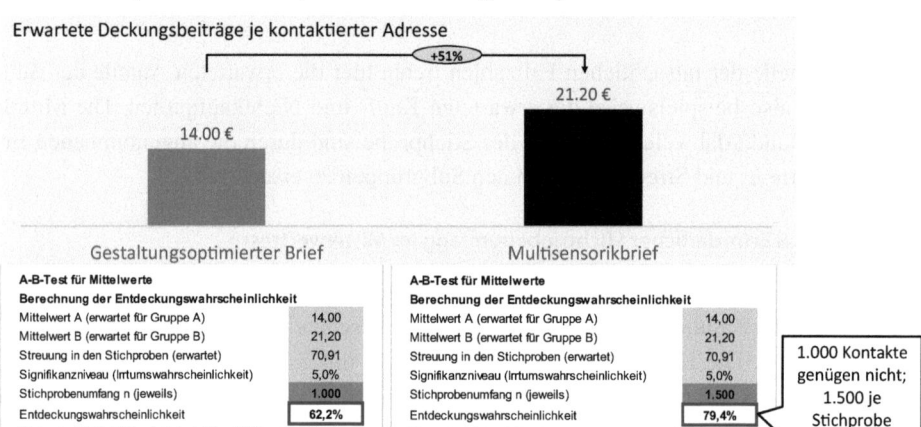

**Abb. 4.24** Erforderliche Stichprobenumfänge im Multisensorik-Beispiel

Mit diesen Werten erhält man das in Abb. 4.24 dargestellte Ergebnis. Ein Stichprobenumfang von 1000 je Stichprobe reicht für eine 80 %ige Entdeckungswahrscheinlichkeit nicht aus. Hierfür wären vielmehr 1500 Kontakte je Stichprobe erforderlich. Mit den Stichprobenumfängen von jeweils 1000 erreicht man nur eine Entdeckungswahrscheinlichkeit von 62 %.

Verzichtet man auf die Annahme identischer Streuungen, indem man die gruppenspezifischen Streuungen 64,23 € bzw. 77,58 € verwendet, ergibt sich, dass für eine 80 %ige Entdeckungswahrscheinlichkeit in der Kontrollgruppe 1250 Fälle und in der Testgruppe 1800 Fälle erforderlich sind. ◄

## 4.4 Interpretation des Testergebnisses

Wie geht man nun – in Abhängigkeit von dem errechneten Fehlerrisiko α für den Fehler 1. Art – mit dem Ergebnis eines A-B-Tests um? Eine Handlungsempfehlung hierfür in Abhängigkeit vom Testergebnis gibt Abb. 4.25.

Ist das ausgewiesene Risiko für den Fehler 1. Art kleiner als 5 %, sind die Gruppenunterschiede signifikant. Sie sind damit statistisch gesichert, sodass nur die überlegene Variante weiterverfolgt werden sollte. Diese ist in die Full Run-Umsetzung zu bringen. Ausgehend hiervon können gemäß dem in Abschn. 3.1 dargestellten Testkreislauf weiterführende Optimierungsansätze getestet werden.

Liegt das ausgewiesene Risiko für den Fehler 1. Art oberhalb der Vorgabe von 5 %, sind die Gruppenunterschiede möglicherweise ein reines Zufallsprodukt. Insbesondere wenn α nur knapp über der Signifikanzgrenze liegt (z. B. bei 6,5 %), bietet es sich an, den Test

## 4.4 Interpretation des Testergebnisses

### Das weitere Vorgehen nach einem A-B-Test hängt von Testergebnis ab

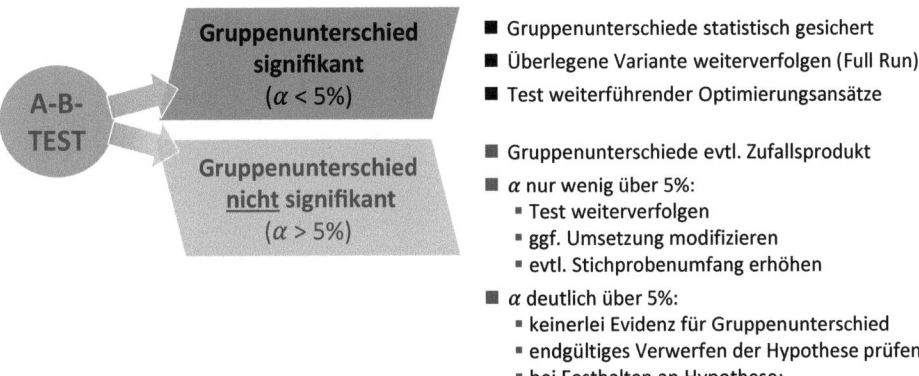

**Abb. 4.25** Handlungsempfehlungen in Abhängigkeit vom Ergebnis eines A-B-Tests. (Darstellung mit freundlicher Genehmigung der Deutsche Post DHL Group)

weiterzuverfolgen. Möglicherweise ist tatsächlich ein substanzieller Unterschied vorhanden, der aber aufgrund zu geringer Stichprobenumfänge nicht entdeckt werden konnte. Durch weitere Stichprobendaten kann dann eine ausreichende Sicherheit erreicht werden, um die Unterschiede als signifikant ansehen zu können.

Liegt der Wert für $\alpha$ deutlich über der Signifikanzgrenze (also etwa bei 60 %) und sind die Stichprobenumfänge auch hinreichend groß, wird man meist davon Abstand nehmen, die Unterschiede signifikant nachzuweisen. Ein endgültiges Verwerfen der Hypothese könnte angebracht sein. Möchte man an der Hypothese trotz des Testergebnisses festhalten, sollte ihre Umsetzung vor einem erneuten Test gründlich geprüft und überarbeitet werden. Möglicherweise ist z. B. die Hypothese, dass sich durch Multisensorik die Mailingeffizienz steigern lässt, durchaus richtig, allerdings die konkrete Umsetzung der Multisensorik ungeeignet. In diesem Fall sollte man zunächst an der Umsetzung der multisensorischen Elemente arbeiten, bevor man einen erneuten A-B-Test angeht.

Oft liegt die mangelnde Signifikanz von A-B-Tests auch an zu kleinen Stichprobenumfängen. Die hieraus resultierenden geringen Entdeckungswahrscheinlichkeiten führen dazu, dass substanzielle Unterschiede unentdeckt bleiben und Optimierungspotenziale nicht genutzt werden. Andererseits: Vertraut man auf Unterschiede zwischen den Stichproben, auch wenn sie nicht signifikant sind, führen die Tests nicht zu einer nachhaltigen Optimierungsstrategie. Die Gefahr, dass man zufällige Unterschiede als substanziell ansieht, ist groß – diesen Irrtum erkennt man dann erst dadurch, dass sich die Testergebnisse nicht replizieren lassen.

# Der Weg zur praktischen Umsetzung 5

Die vorangehenden Kapitel haben die grundlegende Methodik von A-B-Tests erläutert. Die schrittweise Optimierung der Kampagnen entsteht naturgemäß erst durch die praktische Anwendung. Für einfache A-B-Anteilstests existieren zahlreiche Tools, mit denen sich ein schneller Einstieg bewerkstelligen lässt. Einen Überblick über derartige Tools zur Optimierung von Konversionsraten geben z. B. Brooks (2019) und McMillan (2019). Diese Tools sind für das hochgetaktete Optimieren von digitalen Medien wie Newslettern, Bannerwerbungen oder Landingpages geeignet, wo ohne großes Risiko kleine Optimierungsschritte aneinandergereiht werden können. Idealerweise geschieht dies integriert in die Systeme, mit denen die digitalen Werbemedien ausgesteuert werden. Nach dem Einstellen von zwei Varianten A und B läuft der Test automatisch ab, solange bis eine Variante sich als signifikant besser als die andere erweist (Panebianco 2019, S. 188) oder der Test abgebrochen wird.

Dem Einsatzzweck entsprechend beschränken sich die obigen Tools auf einfache A-B-Anteilstests und legen den Schwerpunkt auf die Systemintegration. Für physische Medien oder größere Optimierungsschritte wie den kompletten Relaunch einer Website reicht das allerdings nicht. Hier sollte man auch Kostenaspekte einbeziehen, Mittelwerttests anwenden und erforderliche Stichprobenumfänge kalkulieren.

Dies leisten auch die meisten im Internet verfügbaren Offline-Kalkulatoren für A-B-Tests nicht. Eine Ausnahme bildet hier der „AB Testguide" (Nauta 2018), mit dem sich immerhin für Anteilstests erforderliche Stichprobenumfänge bestimmen lassen. Mittelwerttests, mit denen sich auch andere Zielgrößen und Kostenunterschiede berücksichtigen lassen, werden allerdings auch hier nicht betrachtet.

Der Anwender sollte sich dennoch nicht entmutigen lassen. Mit den zu diesem Buch zur Verfügung gestellten Excel-Tools lassen sich erheblich mehr Anwendungsfälle abdecken als die oben angesprochenen A-B-Tests zur Optimierung der (Online-)Conversions.

Sie sind für ein Umfeld gedacht, in dem hypothesengeleitet Testdesigns entwickelt und umgesetzt werden. Dazu gehört, sich Gedanken um die erwarteten Verbesserungen („Uplifts") und die zu ihrem Nachweis erforderlichen Stichprobenumfänge zu machen.

Mit den in diesem Buch dargestellten Methoden und dem zugehörigen Handwerkszeug können viele Aufgabenstellungen angegangen werden. Richtig angewendet tragen die Tests dazu bei, die Kommunikation schrittweise zu verbessern und den Werbeerfolg zu steigern. Sollte es dann doch zu komplex werden, kann es angeraten sein, die Unterstützung von Experten hinzuzuziehen. Auch in einem gemeinsam mit Experten durchgeführten Optimierungsprojekt ist ein gutes Grundverständnis der Testmethoden sehr hilfreich.

# Literatur

Berekoven, L., Eckert, W., & Ellenrieder, P. (2006). *Marktforschung. Methodische Grundlagen und praktische Anwendung* (11. Aufl.). Wiesbaden: Gabler.

Bird, D. (2007). *Common sense direct and digital marketing* (5. Aufl.). London: Kogan Page.

Brooks, A. (2019). *10 best A/B testing tools in 2020.* www.ventureharbour.com/best-a-b-testing-tools/. Zugegriffen am 22.05.2020.

Bühner, M., & Ziegler, M. (2009). *Statistik für Psychologen und Sozialwissenschaftler*. München: Pearson Studium.

Degen, H., & Lorscheid, P. (2012). *Statistik-Lehrbuch. Methoden der Statistik im wirtschaftswissenschaftlichen Grundstudium* (4. Aufl.). München: Oldenbourg.

Elser, T. (2016). *Faktorielle Versuchsplanung. Das Prinzip des Design of Experiments verstehen und in der Praxis anwenden.* North Charleston: CreateSpace Independent Publishing Platform.

Elsner, R. (2003). *Optimiertes Direkt- und Database-Marketing unter Einsatz mehrstufiger dynamischer Modelle.* Wiesbaden: DUV.

Ford, H. (o. J.) *Ein außergewöhnlicher Manager, Geschäftsmann und Erfinder – Henry Ford.* www.henry-ford.net/deutsch/zitate.html. Zugegriffen am 14.06.2020.

Helm, S., Günter, B., & Eggert, A. (2017). Kundenwert – eine Einführung in die theoretischen und praktischen Herausforderungen der Bewertung von Kundenbeziehungen. In S. Helm, B. Günter & A. Eggert (Hrsg.), *Kundenwert. Grundlagen – Innovative Konzepte – Praktische Umsetzungen* (4. Aufl., S. 3–34). Wiesbaden: Springer Gabler.

Holland, H. (2009). *Direktmarketing. Im Dialog mit den Kunden* (3. Aufl.). München: Vahlen.

Holland, H. (2016). *Dialogmarketing. Offline- und Online-Marketing, Mobile- und Social Media-Marketing* (4. Aufl.). München: Vahlen.

Jacob, R., Heinz, A., Décieux, J. P., & Eirmbter, W. H. (2019). *Umfrage. Einführung in die Methoden der Umfrageforschung* (4. Aufl.). Berlin: de Gruyter.

Jacobsen, M., & Lorscheid, P. (2020). Analytisches Customer Relationship Management. In Holland, H. (Hrsg.), Digitales Dialogmarketing (2. Aufl.). Wiesbaden: Springer Gabler. http://doi-org-443.webvpn.fjmu.edu.cn/10.1007/978-3-658-28973-7_14-1.

Kleppmann, W. (2020). *Versuchsplanung. Produkte und Prozesse optimieren* (10. Aufl.). München: Carl Hanser.

Krafft, M., & Boes, M. (2017). Aktuelle Ansätze zur Messung des ökonomischen Kundenwerts. In S. Helm, B. Günter, & A. Eggert (Hrsg.), *Kundenwert. Grundlagen – Innovative Konzepte – Praktische Umsetzungen* (4. Aufl., S. 237–253). Wiesbaden: Springer Gabler.

Link, J., & Kramm, F. (2006). Direktmarketing und Controlling. In S. Reinecke & T. Tomczak (Hrsg.), *Handbuch Marketing Controlling* (2. Aufl., S. 549–572). Wiesbaden: Gabler.

Lorscheid, P. (2014). Testen, Testen, richtig Testen. In BEVH (Hrsg.), *Kompendium des interaktiven Handels 2014/15* (S. 228–229). Berlin: BEVH.

McMillan, J. (2019). The 20 most recommended AB testing tools by leading CRO experts (2020 Update). *Conversion Sciences*. https://conversionsciences.com/ab-testing-tools/. Zugegriffen am 22.05.2020.

Nash, E. L. (2000). *Direct marketing. Strategy, planning, execution* (4. Aufl.). New York: Mc Graw Hill Education.

Nauta, H. (2018). *AB Testguide*. https://abtestguide.com/calc/. Zugegriffen am 22.05.2020.

Ogilvy, D. (o. J.). *David Ogilvy quotes*. www.brainyquote.com/quotes/david_ogilvy_116502. Zugegriffen am 14.06.2020.

Panebianco, J. (2019). *How to double conversion rates: Lessons learnt spending over five million dollars on A/B split tests*. O. Ort: Independent Publication.

Scherfke, A. (2008). *Dialogmarketing für Dummies*. Weinheim: Wiley-VCH.

Schira, J. (2012). *Statistische Methoden der VWL und BWL. Theorie und Praxis*. München: Pearson Studium.

Schnell, R., Hill, P. B., & Esser, E. (2018). *Methoden der empirischen Sozialforschung* (11. Aufl.). Berlin: de Gruyter.

Schöberl, M. (2004). *Tests im Direktmarketing*. München: mi-Wirtschaftsbuch.

SVI. (2018). *Sehen, Nicken, Klicken. Der Online-Kurs zur Dialogmethode®*. Königstein: Siegfried Vögele Institut.

Vögele, S. (2002). *Dialogmethode. Das Verkaufsgespräch per Brief und Antwortkarte* (12. Aufl.). Heidelberg: Redline Wirtschaft.

# Stichwortverzeichnis

**A**
A-B-C-Test 25
A-B-Test 24
    für Anteile 40
    für Mittelwerte 49, 53
Ad Impression 8
Angebotstest 23
Ansprachetest 24
Anteilstest 40
    Grenzen des -s 47

**B**
Befragung 18

**C**
Cost per Click (CpC) 14
Cost per Order (CpO) 14
Cost per Response (CpR) 14
Cost per X (CpX) 14
Customer Lifetime Value (CLV) 9

**D**
Deckungsbeitrag 7, 14
Digitalisierung 1

**E**
Effektivität 11
Effizienz 11
Entdeckungswahrscheinlichkeit 44

**F**
Fakt, harter 4
Faktor, weicher 3
Fehlentscheidung 36
Fehler
    1. Art 35
    2. Art 35, 38
Full run 14

**G**
Gruppenbildung 24

**H**
Hypothese 27, 37

**K**
Kenngröße 6
Key Performance Indicator (KPI) 6
Kontrollgruppe 25
Kosten 11
    fixe 13
    Full-run- 14
    variable 13
Kostenart 11
Kosten-Umsatz-Relation (KUR) 14
KPIs 6. (*Siehe auch* Key Performance Indicator)
    für digitale Medien 8
    für physische Mailings 6
    relative 11, 14

Kundenwert 7, 9
    Veränderung des -s 9

**M**
Marktforschung 18
Messung des Werbeerfolgs 1
Mittelwerttest 53

**N**
Nebenbedingung 17
Newsletter 1

**P**
Produkttest 23

**R**
Responsequote 6
Responses je Kontakt (RpC) 49
Return on Investment (RoI) 15
Rohertrag 6
RoImittelfristiger 15

**S**
Signifikanz 36
Standardnormalverteilung 41
Stichprobe 18
Stichprobenmittelwert 49
Stichprobenstandardabweichung 49
Stichprobenumfang 39
    erforderlicher 44, 58

Streuungsaggregation 50, 58
Suchmaschinenwerbung 5

**T**
Test 1, 22
    A-B- 24
    A-B-C- 25
    multivariater 25
Testdesign 27
Testergebnis 60
Testfunktion 41, 54
Testgruppe 25
Testidee 26
Timingtest 24
Trackbarkeit 1, 5

**U**
Unique User 8

**V**
Versuchsplanung 26

**W**
Werbebrief 1, 4
Werbeerinnerung 19
Wirkdimension 3

**Z**
Ziel einer Kampagne 3
Zielgruppentest 23

If you have any concerns about our products,
you can contact us on
**ProductSafety@springernature.com**

In case Publisher is established outside the EU,
the EU authorized representative is:
**Springer Nature Customer Service Center GmbH
Europaplatz 3, 69115 Heidelberg, Germany**

Printed by Libri Plureos GmbH
in Hamburg, Germany